Rejuvenating Japan : a national strategy

ルトワックの日本改造論

Edward N. Luttwak
エドワード・ルトワック
奥山真司［訳］

飛鳥新社

ルトワックの日本改造論　目次

第二章 〝中国封じ込め〟の時代

第三章
変化する北朝鮮と、その脅威

第四章 自衛隊と情報機関への提言

第五章　経済戦争《ジオエコノミクス》と国家の本性

日本の読者のために

日本は国家戦略として「若返り」を目指すべきである。それはなぜかといえば、それが実現してから、ようやく戦略、外交、そして戦争について語ることができるからだ。

したがって本書が示しているのは「国家の狙い」「外交的な目標」「安全保障」「国家の安全保障」のような、単なる抽象的なものの達成ではない。それは日本人の幸福の達成であり、未来の国家を担う、いま生きている子どもたちから始めなければならないものなのだ。

そして日本人たちにとって最も重要なものは、その数を増やさなければならないということだ。とりわけ多くの老人たちを支える人間の数が少ないのは致命的だ。

だからこそ、本書で説かれる戦略、戦争、そして平和というのは、子どもたちの話から始めなければならない。つまり無料の不妊治療を提供し、無料のチャイルド・ケアを全国民に提供することによって、その数を増やすべきだということだ。

私も知る優れた日本人女性がいるが、彼女はイスラエルで働いており、しかもそこでは日本よりも進んだ高価な不妊治療が完全に無料で受けることができている。この彼女は最近素晴らしい双子の母となったばかりだ。

皮肉な見方をする人であれば、近代国家は自らの納税者を「育て」なければならないものだと主張するだろうが、実際のところ、日本人が再び幸せを手に入れたいのであれば、再び若返らなければならないのであり、それこそが戦略の最高の目的なのだ。

例えば無料の不妊治療とチャイルド・ケアがもたらす結果を具体的に述べてみよう。イスラエルの女性は平均3・1人の子供を生んでおり、それに続くのはメキシコの2・15人なのだ。

IMFなどの統計によれば、イスラエルは一人あたりのGDPではほぼ日本と肩を並べているのに、一人あたりの国防費は日本よりも少ない。つまり日本はパチンコに金を使っている場合ではない。子どもにつぎこむべきなのだ。

2019年11月2日

メリーランド州チェビー・チェイスにて

序　章　戦略思考で日本を救う

国防は最低限の福祉

　私が日本の漁民だったら、と想像してみたい。北朝鮮が発射したミサイルが日本海に落下する。そんな危険のある海域で早朝に操業していたら、どう思うだろうか。むろん、東京の政府の誰か、防衛省や自衛隊が、私を守ってくれることを望むだろう。

　漁民に限らず、サラリーマンでも公務員でも、主婦でも誰であっても、私の残りの人生を、北朝鮮と金正恩の核の脅しに晒《さら》されたまま、生き続けなければならない事態は避けたいと考えるはずだし、政府はそのような事態を避ける努力をしてくれるはずだ、と期待するだろう。

　国民は税金を納《おさ》める見返りに、政府があらゆる外敵の脅威から国民の生活を守り、安心感を得る権利があるはずだ。もし日本国民が、政府に対してそれを期待できない、という心情に陥《おちい》っているとすれば、それは安全保障政策と政治の失敗と言わざるを得ない。

一九四五年以降、確かに日本はアメリカの占領下で作られた憲法の制約上、安全保障政策の分野で大きな制限が課せられていた。それを「日米安全保障条約」によって補《おぎな》ってきたのだが、本来、国民の生命財産を守る政策に制約はあってはならない。

「外交」も国民を守る有効な手段だろう。しかし北朝鮮の場合、他国を相手にした場合のような楽観はできない。なぜなら、日朝間の危機の原因は北朝鮮にのみ帰《き》せられるからだ。北朝鮮は国内政治の安定のために対外強硬策を取っている。それでも北朝鮮は、トランプ大統領と金正恩の間で「融和《ゆうわ》」が実現したポーズを取ってはいる。だからこそ、日本が「北朝鮮の国内向けのアピール」の材料にされる可能性は捨てきれない。おそらく、日本に核を落とすようなことがあれば、アメリカは北朝鮮を攻撃するだろう。だがミサイルを落とす「だけ」ではどうか。

何より、外交によって相手を説得するにしても、通常は軍事力が実際に行使されるという可能性が前提になる。軍事力と、それを行使する指導者や国家の「意志」が掛け合わされることによって、軍が他国に与える効果が決定される。そうした意志がないとみなされれば、いかに最強の軍隊や装備を持っていても、相手を説得し諫止《かんし》（いさめてやめさせること）する効果は全く得られない可能性がある。

自国が一貫して平和的であると強調しすぎる国家は、自国の保有する軍事力からあまり大きな効果を期待できなくなるだろう。

ここには国家のジレンマがある。力によって相手を説得するために、簡単に好戦的姿勢を示してはならず、一方で実際の武力行使を回避しながらも国益を守るため、「相手を止めるために暴力を用《もち》いることもある」と示さなければならないからだ。

さらには、相手は北朝鮮であることを忘れてはならない。米ソ冷戦中のような相互確証破壊（MAD=Mutual Assured Destruction、敵から核による先制攻撃を受けても、残存兵力で相手に耐えがたい損害を与えられる能力をお互いに持つこと）による均衡《きんこう》は成り立たない。米ソ冷戦中でも米ソ間は不断の情報交換と対話を続けていたし、何より、あのソ連でも、書記長以下外務大臣やKGBスタッフらが外交問題について常に討議し、共同で政策を決定していたが、北朝鮮はそうではない。たった一人の独裁者である金正恩の、外からはうかがい知れない政策方針や思想、あるいは気分によってさえ、政策が左右されてしまうからだ。現状、彼と相互抑止の関係に入ることは不可能と判断せざるを得ない。

そのため、日本が核を持てば済むという問題でもない。これは相手国の指導者に分別がなければ成り立たないからだ。

私が日本を訪問すると、多くの識者たちは「北朝鮮にどのように対応すればよいか」と尋ねる。そこで私が「先制攻撃を検討すべきだ」と述べると、「しかし……」と言って、それがいかに難しいかを私に説明してくれる。憲法の制約がある、中露など近隣諸国が黙《だま》っていない、ソウルがやられるのではないか、など。だが、自国の安全保障に真剣に向き合わない国は、アメリカにとって同盟国とは認められない。

お隣の韓国を見るといい。彼らは何かにつけて「あれができない、これができない」と言い、アメリカにすべてを託《たく》そうとしている。しかしこんな国のために、誰が、彼らになり代わって動くだろうか。

北朝鮮についての第三章で詳しく述べたが、もはや日本はアメリカには頼れない時代がやってきた。特に対北朝鮮問題に関しては、北が核開発に成功した以上、日本がこれまで使ってきた「戦後システム」では対処しきれないことは明確である。

本来、日本ほどの国力がある国は、自国の安全保障だけでなく、地域の安全保障に積極的に貢献しなければならない。対中国では、アメリカはもちろん、インドや東南アジアの各国、オーストラリアなどと連携しながら、この地域の安定に貢献しなければならない立場だ。

日本は韓国と同じ過ちに陥ってはいけない。日本が何もしなければ、アメリカも何もしないのだ。アメリカや中国を巻き込んで北朝鮮の脅威を取り除きたいのなら、日本こそ能動的に動くべきなのである。

考えてみてほしい。金正恩はその気になりさえすればすぐに、日本に向けた核ミサイルの発射を命じることができる。金正恩が、日本に向けて核やミサイルを撃とうとしているとき、それによって命を奪われようとしている市民を前に、「憲法の制約があるので何もできません。残念ですがあきらめてください」と誰が言えるだろうか。あなたの命が奪われようとしているとき、このように説明されて納得できるだろうか。そんなはずはない。

いざ、ことを起こそうとしている国家に対して、諫止や説得を行うには、軍事力が実際に行使されうる、という現実的な可能性が前提になる。単純に言えば、国家の軍事力と国家の意志がかけ合わされて、その国の軍隊が他国に及ぼす効果が決まる。最強の軍隊、最強の同盟国を持っており、その力が広く認識されていたとしても、「いざとなっても憲法の制約で何もできません」と武力行使の意志がゼロであることを表明していれば、諫止や説得の効果は全く得られない。

そこにはもちろんジレンマがあり、簡単に煽《あお》られるような好戦的国家、あるいは非戦略的な感情任せの行動、国内政治の要請や衝動による「見せかけの意志」である場合には、高い代償を払わされる結果になる。だが、国家は最低限、「あらゆる侵略を放棄した平和への責任」と、「攻撃を受けた場合には戦う」という高い即応体制の双方を体現しなければならない。日本はこのヤヌスのような二面性を、敵に対して見せることができているだろうか。

日本は自力で、自国民に安心と安全を提供しなければならないのである。

国防と同じくらい大切なもの

もう一つ、日本が国民に提供しなければならないのは、「安心して子供を産み、育てられる制度」である。

全世界的に、ポストヒロイック（人命尊重）の時代が到来している。かつて、「大国」は、結果として生じることが見込まれる犠牲者数が多少多くても、制約されることなく、望むときにいつでも武力行使「するはずだ」と認識されてきた。国にとって死活的な状況でなくとも、小規模な作戦で数百人の兵士を失ったり、小さな戦争や遠征作戦で数千人の兵士を失うことは、大国の歴史においては珍しいことではなく、むしろ「死活的ではない利益でも、それを守るために武力行使する意思と能力がある」とみなされてこそ「大国」であり続けられた。

だがこうした大国概念は非現実的なものとなった。少数の戦死者さえ受容しない価値観が先進国に広がっているからだ。一つはテレビ報道の映像があるだろう。負傷兵、遺体袋、悲しむ遺族の姿がテレビに瞬時に映し出されることで、国民は犠牲に対する精神的に深い傷を負う。だが、それだけが理由ではない。

より根本的な理由は、近代的なポスト産業社会の人口動態である。要するに、少子化のことだ。

かつての大国では、一組の夫婦のもとに子供が四人から六人は生まれるのが普通で、八人兄弟、十人兄弟も決して珍しくはなかった。もちろん乳幼児の死亡率も高かったが、そうして生まれた複数の兄弟のうち、ある者が早世し、またある者が戦争で命を落とすことは、さほど珍しいことではなかった。現在は一組の夫婦に子供が一人から二人いればいいほうで、その子供たちは当然、長く生存することが期待され、一人ひとりが家族からの大きな愛情を受けている。

死が高齢者だけに限定されていなかった時代には、「死」はどの年代であれ、人間が経験する普通の事柄だった。何らかの理由で若い家族の一員を失うことは、過去においても悲劇だったのは間違いないが、現代ほど特別で受け容れがたいことではなかった。

もちろん、戦争で命を落とす可能性と、その戦争そのものの意義を考慮することによって、親は戦地へ行く子供の運命を思いながらも、その役割の大きさを引き受ける、ということはあるのだろう。

だが現代の家族の人口動態を前提とすれば、出生率の低い米国、ロシア、英国、フランス、ドイツはもちろんのこと、日本などはもはや伝統的な「大国」の役割を演じることはできない、ということになる。軍事力の物理的存在と、軍事力を行使できる経済的基盤があったとしても、社会が犠牲に対して強いアレルギー反応を示せば、それは事実上の「戦争拒絶」状態だといえるだろう。

少子化は自滅の道

このように今日、少子化は先進国に共通する問題であるが、これには戦争と密接な理由がある。

イスラエルの軍事戦略家で『補給戦』（中公文庫）や『戦争文化論』（原書房）などで知られるマーチン・ファン・クレフェルト（ヘブライ大学歴史学部名誉教授）は、「男は戦いに魅了され、女は闘う男に魅了される。それが守られない国家は衰退する」と述べた。

女性が女性として振る舞う場合、男たち、特に戦士に与える影響力はいくら評価しても評価しすぎることはない。「盾を手に、そうでなければ盾の上にのって帰ってきなさい」――これはスパルタの戦士の母親がこれから戦場に向かう息子にかけた言葉である。あるときキロス軍の兵士たちが戦場から逃げ出すと、ペルシアの女たちは「卑怯な臆病者」と叫び、スカートをまくり上げた。これと似たような話は南アフリカのズールー族など、他の文明にもある。いつの時代も不安に思う女たちは戦いに出る男たちに、絵やお守り、

服（直接肌につけるものも含めて）、その他記念となる品を送った。（略）
現実の世界でも小説の世界でも女性たちは、好色な敵に暴行されないよう自分たちを守ってくれと夫たちに強く求める。現実の世界でも小説の世界でもしばしば、好色な敵から女性を守ることが戦争をする重要な目的だった。だから女性は、華やかな軍服を着て武器を手に、隊列を整えて出征する男たちに喝采《かっさい》を送る。戦っている兵士のために祈り、勝利して帰還したら抱きしめて迎え、敗北したら慰め、負傷した兵士の手当てをし（男に面倒を見てもらうよりもずっといい）、そして最後に戦死者を弔《とむら》い、埋葬する。（略）
男性と女性の間に引き合うものがなかったら、戦争はあり得なかっただろう。実際、戦争は無意味だったかもしれない。未来のない男たち――言い換えれば、女と子孫のない男たち――には、名誉や財産をめぐって戦う理由があまりないだろうし、戦ってもすぐに矛《ほこ》を収めただろう（マーチン・ファン・クレフェルト『戦争文化論』下巻。石津朋之監訳、原書房）

現在、ヨーロッパを中心に、男たちは戦争を忌避《きひ》するようになった。それによって女たちは愛すべき戦士を失った。そのため、子供も生まれなくなった。

異論もあるだろう。また、戦後七十年の長きにわたり戦争の起きていない日本では、この法則はどうにもならないという声もあるかもしれない。

だが、確かに「戦う男性を女性は愛する」という事例がある。

それは二〇一一年三月十一日に日本を襲った東日本大震災だ。この時発生した地震と津波は、日本人のあらゆる生活と意識に影響を与えた。

日本の自衛隊は災害対処において、十分すぎるほどの形で任務を果たした。被害者の遺体を尊厳《そんげん》をもって埋葬するほどに哀《あわ》れみを持ち、危険なレベルの放射能を放出する原子炉へ放水を行うほど英雄的な存在であり、食料の配布は効率的に行い、危険な状況においても辛抱強かった。国民もメディアを通じて、あるいは被災者として、救出された高齢女性を担いで救出する屈強な兵士の姿や、海に流された港湾労働者をヘリで救助する様子、そして学校の屋上に取り残された生徒たちが救助されている姿を目撃した。

東日本大震災では、陸上、航空、海上の全自衛隊の約四〇％にあたる十万人、という最大規模の数が、即座に動員された。これは自衛隊にとって創設以来、自分たちの全体的な能力、および物理的な能力の一部を国民に示す、最初のチャンスとなった。そして毎年のように起こる災害対応に、自衛隊は派遣され、その能力を発揮している。これは、自衛隊にとってのチャンスであると同時に、国民の自衛隊への憧《あこが》れを呼び覚ました。特に、男性自衛官との結婚を希望する女性たちが急増したのだ。もちろんこの事例は少子化を一気に補《おぎな》うほどの力はないが、まさに「戦う男を、女性は愛する」真理を示すものである。

さらにクレフェルトは、この「生命の法則」を忌避する国の文化には特徴があり、「戦争の忌避」だけでなく、「性的マイノリティの擁護」「フェミニズムの台頭」「銃規制」「移民の受け入れ」が少子化を招くと指摘しているのだ。

今日のヨーロッパが、図《はか》らずもこの指摘を体現している。もともとヨーロッパに存していたカトリック的な反国家的・反軍事的思想、ルター的な贖罪《しょくざい》意識の土台の上に、アメリカで発達したフェミニズムやトランスジェンダーの思想が持ち込まれた。これこそが西洋的価値が重んじるリベラリズムだというわけだ。クレフェルトが「少子化を招く思想」として挙げたすべての要素を、ヨーロッパ各国は重んじるべき価値観であると喧伝《けんでん》している。

フランスでは出生率は高いものの、これは主としてイスラム系女性の出産によって押し上げられているものであり、いわゆる生粋《きっすい》のヨーロッパ人は、子供が戦禍《せんか》に見舞われる危険などないにもかかわらず、子孫を残すことよりも自身がバカンスを楽しむことを優先し、子供を産まない。性的マイノリティをいくら重んじても、そのカップルに子供を残す能力はない。つまり未来の世代がいないのだ。

クレフェルトは、フェミニズムが軍隊に及ぼす影響についても懸念を示す。男女平等の観点から、女性も軍隊に進出し、補佐的な仕事だけではなく、これまでは男性しかいなかった前線部隊に参加させるべきだという価値観がある。だが女性が軍隊で活躍しようと思っても、男性並みにはいかない。女性は男性に比べて、かなり弱く、もろいからだ。

「カナダで行われたある実験では、歩兵部隊の訓練で最後までついていけた女性兵士は、一〇〇人中たった一人だった」し、だからと言って女性の体力に合わせた訓練に男性をつき合わせれば、それは男性にとって生ぬるい訓練にしかならない。男女別の訓練メニューを組んで、男性により負荷のある訓練をさせながら、男女が同じ給料をもらい、同じ待遇を受けるとなれば、男性からは疑問が出る。

クレフェルトの言に倣《なら》えば、「アマゾン族の女性兵士でもない限り」、部隊に女性が加われば足手まといになり、同僚は女性兵士の弱さ、もろさを補うために余分に働かなければならなくなる。危機的状況でも女性を守るために任務に集中できない、男性兵士の命さえも危険に晒《さら》すというのだ。

そして、戦う男は女性から魅力的に見えるが、戦うために「兵士化」した女性は、男性の目から見て魅力が薄れる。「大変な女好きで、その辺りのことをよく知っていたルソーの言葉はまさに急所を突いている――『女性のみなさんがわれわれのようになろうとすればするほど、男はあなた方が嫌になるでしょう』」とクレフェルトは書いている。

つまり、フェミニズムの観点から女性を軍隊に入れて前線の仕事に就かせることは、軍自体の弱体化を招くだけでなく、女性に対する男性の興味関心を削《そ》ぎ、また厳しい訓練や実務で傷つき、体力をすり減らした女性を増やすことになり、その結果、少子化をも招くという、二重三重の負の影響をもたらすというのだ。

クレフェルトは『男性、女性、そして戦争』（未邦訳）で、「女性には生物的限界があり、それは女性にとって戦争が不向きな理由である」との論を展開して女性からの厳しい批判を浴びたが、自身の考えを撤回してはいない。

ヨーロッパはもはや自殺的なアイディアに支配されていると指摘せざるを得ない。かつてのヨーロッパは、クレフェルトが懸念する「多様性」によってではなく、フランス、ドイツ、イタリア、ポルトガル、イギリスなどの諸国が独自の力を持ち、互いにしのぎを削っていたために保たれていた「多元性」によって活力を生み出していた。競争――そこにはもちろん「戦士の文化」を育《はぐく》む戦争も含まれる――によって、独自性を生みだしてきたのだ。それがなくなれば、国家は衰退するほかない。

ルトワックの日本救出戦略

そこで日本を救う「大戦略」を教えよう。日本全国で、五歳になるまでの完全な保育・育児の無料化を進めることである。

社会を維持するためには市民を生み、育てなければならない。少子化は先進国に共通する問題だが、スウェーデン、フランス、イスラエルの三国は大学で教育を受けた女性が生涯に三人近く子供を産んでいる。この三国に共通するのが、「五歳までの育児の完全無料化」なのである。

スウェーデンでは半数の女性が結婚していない。これも日本のみならず先進国に共通する現象だ。国としては女性に結婚を強制することはできない。一方、結婚したくなくても子供は欲しい女性は数多くいる。五歳まで育児が完全無料化となれば、女性は仕事を続けながら、一人でも出産して育児ができる。

日本の男性は一九六〇年代、今よりも収入が少なかったにもかかわらず、ほとんどが専業主婦となる女性と結婚して三人の子供を育てていた。今の日本人男性は、収入があっても結婚して家庭を築き、子供を持とうという意欲に乏しい。国家はこうした男性の意識を変えることは難しいが、子供が欲しい女性に働きかけることはできる。

またフィリピン人女性に就労ビザを与え、日本全国で保育士として働いてもらうのもいいだろう。彼女たちはこれまで主に中近東で働いていたが、経済不安のためにフィリピンへの帰国を余儀なくされている。彼女たちに日本に出稼ぎに来てもらうのだ。これは移民政策ではない。給料の五〇%を日本で支払い、残りの五〇%は強制的に貯蓄し、本国に帰ったときに受け取ってもらうことで、帰国を促《うなが》すのだ。これにより、彼女たちが日本に家族を呼び寄せて定住することを予防する。彼女たちにとっても、日本で経験を積み、帰国時に起業することも可能になる。

重要なのは、フィリピン人は敬虔《けいけん》なカトリック教徒であり、ヨーロッパの国々をはじめとするすべての地域において、移民としての犯罪率が最も低いことだ。これならば日本も安心だろう。百万人の若いフィリピン人保育士は、日本の五百万人の子供の面倒を見ることができる。

その費用は高齢者の年金や、医療費の削減によって捻出《ねんしゅつ》できる。これは冗談だが、同時に五十歳以上の全国民にマクドナルドのマックシェイクの無料券を配る。がんや糖尿病の治療には医療費がかかり、国民全体の負担額が増加するので、多くの高齢者を短期間に死に至らせることで医療費の増大を防止する策を講じるのだ。もちろん、これはあくまでも冗談であることを重ねて述べておく。

日本では、「戦闘機を買うくらいならそのお金で保育所を作れ」と主張する政党があると聞く。また、少子化対策などの福祉政策と安全保障の間で予算の取り合いになっているようだ。だがこれは愚かな争いだ。国家にとってはどちらも重要であり、どちらかだけでは国は立ち行かない。

日本の愛国者は対中国戦略や対北朝鮮戦略の研究には熱心だが、少子化問題にも同じかそれ以上の危機感を持たなければならない。子供がいなければ、その国の未来はない。子供がいなければ、安全保障政策の議論など何の意味もないのだ。

そして、安全保障の備えであれ、少子化対策であれ、その他の様々な福祉サービスであれ、「国民に安心を提供する」という観点は変わらないのである。

第一章　韓国よ、歴史の真実に学べ

朝鮮半島、四つの選択肢

日韓の歴史問題を語る前に、北朝鮮が核弾頭の小型化についに成功し、核ミサイルを完成したとみられる現実から始めたい。これで日本の危機は、後戻りできない段階に突入した。

日本の立場から見た、朝鮮半島における核武装の問題が、いかに複雑で深刻かを確認してみよう。

北朝鮮が核を保有する現実は、日本にとって極めて不快だろう。ところがその一方で、われわれが認めなければならないのは、北朝鮮の核兵器は、彼らの中国からの自立と存続を保証しているということだ。

そう考えると、いまの厳しい現実が突きつけるのは「日本人は今後の朝鮮半島がどうなるのを望むか」という課題である。朝鮮半島の将来には四つの選択肢があり、左の図のようなマトリックスで描くことができる。

左右の軸は「核保有」と「非核保有」（非核化）であり、上下の軸は「統一朝鮮」と「分

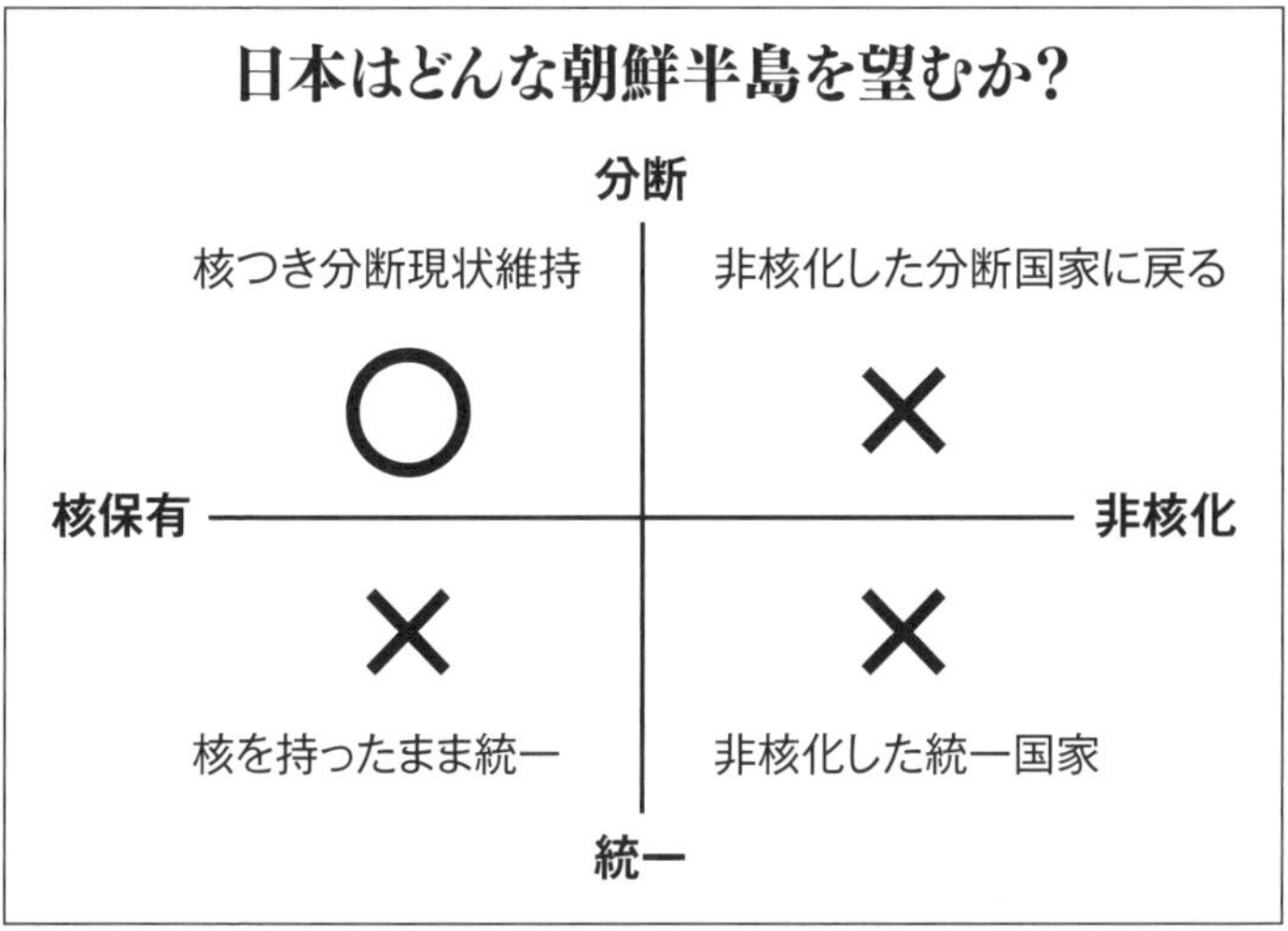

断朝鮮」だ。

現状では、朝鮮半島は分断国家となっていて、北のみが「核保有」している状況だ（左上）。もし、われわれが「分断朝鮮」と「非核化」の実現を望むなら、いずれ北朝鮮は中国に完全に取り込まれ、植民地になるだろう（右上）。

ただし、北朝鮮の核が中国からの自立と存続を保証している以上、北朝鮮がこれを手放す可能性は非常に低い。分断国家のままの非核化という、過去の状態に戻すのは現実的に困難だ。

もし核兵器を持ったまま「統一」してしまうと、日本は核武装した半島統一国家に対《たい》峙《じ》・直面することになる（左下）。これは北朝鮮よりもさらに危険な敵対国家となり、日本にとって最悪の事態だ。

そして、「非核化」された「統一朝鮮」という選択肢もある（右下）。米中が望む方向だが、その場合、米軍が駐留しない限り、統一朝鮮は中国に取り込まれる公算が高くなる。

韓国が中国に併合されたら、日本との歴史問題がはたしてどうなるか、私にはわからない。ここで言いたいのは、朝鮮半島全体が中国の支配下に置かれたら、日本にとって大災厄になる、ということだけだ。日本はこめかみに銃を突きつけられた状態に陥《おちい》る。

統一朝鮮は、核を保有しない限り、国家として存続することは難しい。非武装地帯（DMZ）が崩壊すれば、統一朝鮮側がアメリカに米軍を残すよう嘆願する理由がなくなるからだ。

したがって、「統一朝鮮」と「非核保有」の組み合わせは、基本的に中国の影響下に置かれる可能性が高い。

現状維持（左上）以外の三つの選択肢は、すべて日本にとって望ましくない。四つのどれも最悪であるなかで、最も「マシ」なのが、現在の朝鮮半島の状況を維持することだ。

私はかつて、日本は北朝鮮に対する先制攻撃能力を持つべきだと提案した。しかし、北が核ミサイルを完成させた以上、日本が現実的に取りうる選択肢は、分断朝鮮の維持しかなくなった。

ここまで来た以上、日本の外交は柔軟かつ受動的になるしかない。これが私の分析である。

日韓衝突は韓国の問題――ヨーロッパの対独感情との比較

韓国の行動の基本は、従属相手を切り替える点にある。彼らは日本に従属したあと、アメリカに従属した。そして、いまや中国に従属しようとしている。

韓国のやり方を間近に見てきた日本の皆さんはすでにおわかりだと思うが、日韓関係というのは外交問題ではなく、二国間交渉では解決できない。これは韓国自身の問題なのだ。

そのことは、ドイツが欧州で直面した歴史問題と比較してみると、わかりやすいと思う。

第二次世界大戦が終わるまでに、ドイツはロシア人を二千万人以上殺害していた。一九四五年の終戦から十年経っても、ロシアの反ドイツ感情はまだ激しかった。

それから七十年以上経過した現在、ロシアでは反ドイツ感情はすべて消え去っている。

ところが韓国人の日本への反感は、七十四年経ってもいまだに残っている。これは一体なぜなのか？　理解するには、ドイツとオランダの関係と比較していく必要があるだろう。ドイツが戦時中に殺害したオランダ人の数は、ロシアと比べれば非常に少なかった。むろん戦争が終わる最後の六カ月間、オランダは苦しめられたが、これは食糧が底をつきかけていたからだ。

オランダ人はほとんど殺されなかったにもかかわらず、ドイツ人への憎しみを解消するまで、ロシア人よりはるかに長い時間がかかった。その最大の理由は、ロシア人はドイツと戦ったが、オランダ人はそうではなかったからだ。

ドイツ人はロシア人を殺し、ロシア人もドイツ人を大勢殺した。そして戦後、お互いに「もう戦いはやめよう」となったわけだ。

フランス人は遅かったが、それでも一応ドイツに抵抗した。ベルギー人の抵抗の仕方は巧《たく》みで、ドイツが作った秩序を崩壊させている。デンマークは国民レベルで抵抗していて、非常に効果的だった。ノルウェーにはレジスタンスの戦士がおり、占領に来たドイツ人をしっかり攻撃した。

ところが、オランダ人は臆病者で、抵抗しなかったのである。オランダ社会はドイツに服従し、対独協力が大々的に行われた。例えば、ドイツはオランダ警察を頼って、オランダ国内のユダヤ人を逮捕している。

若いオランダ人たちは、自分の父親たちが臆病者であったからこそ、戦後に反ドイツ的な感情を持ち続けたのである。

私の子供時代の体験もこれを裏付ける。両親は戦後、一九六〇年代に車で私をオランダ沿岸部へ旅行に連れていってくれた。

そこかしこにあった民宿の入口には、もれなく「ドイツ人お断り」という看板が掲げられていた。

同じ時期、私はユーゴスラビアのダルマチア地方の沿岸部にも連れていってもらったことがある。当時、私たち家族はイタリアに住んでいたので、車で遠出することができた。

この地域は第二次世界大戦中、ユーゴスラビア王国とドイツとの激戦地で、戦死者もたくさん出たが、ユーゴの人々はドイツからの旅行者を大歓迎していた。

その理由は、ドイツ人がユーゴ人を殺し、ユーゴ側もドイツ人を大勢殺したからだ。彼らは決して臆病者ではなく、立ち上がり、戦ったのである。誰も自分たちの父を恥じることなく、誇りを持てた。だからこそ戦後、ドイツ人に対して友好的になれたのである。

韓国人のトラウマの構造

これらを踏まえて、朝鮮問題を考えてみよう。韓国や北朝鮮で製作されたプロパガンダ映画は数多い。勇敢な朝鮮兵、韓国兵が無法で残虐な日本軍を撃退する、というワンパターンのストーリーだ。だが、一九四五年までの朝鮮半島で、実は抵抗運動《レジスタンス》と呼べるようなものはほとんど発生していない。朝鮮人たちは概して服従的だったのだ。

むしろ多くの人々は、服従以上の態度で自発的に日本に協力し、日本軍に積極的に志願したのである。その数は八十万人にのぼるが、そのなかには朴槿恵《パククネ》前大統領の父親・朴《パク》正熙《チョンヒ》元大統領も含まれていた。

彼は日本名である「高木」を名乗り、自分の血でしたためた血判状をもって、当時の満州国の軍官学校、陸軍士官学校に志願し、入学した。極めて優秀な成績だったという。

私は、彼が暗殺される数カ月前に会ったことがある。一九七九年、私と夕食をともにした席で、彼は若い頃の夢について語った。それは日本軍の勲章をもらい、大佐として退役することだった（実際は中尉で退役）。

二〇一九年の韓国に話を移そう。韓国人はいまだに、自分たちの父親や祖父たちが臆病者で卑屈だったという心理的なトラウマに悩まされている。これはオランダ人のケースと同じだ。

ロシア人やユーゴスラビア人、そして静かだが強力に抵抗していたベルギー人とも事情は異なる。

ベルギー人の抵抗について付言しておけば、彼らはたしかにドイツと戦闘こそほとんどしていないが、ドイツへの妨害、サボタージュは完璧だった。ドイツ人がオランダとベルギーを占領したあと、地元の警察に「ユダヤ人を逮捕して収容所行きの列車に乗せろ」と命じた。

ベルギーは第一次世界大戦の開戦直後、ドイツの侵攻で占領された。次の第二次世界大戦でも同じだった。そのおかげで、ベルギーのおばあさんたちは見抜かれないような偽文書作りの能力を身につけた。彼らは「ドイツ人の騙《だま》し方」を学んだのだ。

ベルギーはとても小さな国で、ユーゴスラビアの山岳地帯のように、隠れて抵抗運動を続けられる地理的な環境もない。それでも、彼らは非常に効果的に抵抗した。「ドイツの言うことを聞かない」ことだけを狡猾《こうかつ》に行ったのである。

ベルギーにはドイツから逃れてきたユダヤ人だけでなく、非ユダヤ系だがナチスに反対するドイツ人も多く在住していた。反ナチスのドイツ人たちは、ヒトラー政権の下で、オランダとベルギーに逃げ、ベルギーは彼らを守った。

これは、ベルギーによる静かな抵抗の多くの実例の一つにすぎない。ベルギー政府はドイツに「ノー」とは言わなかったが、決してドイツの望むことはしなかった。

しかし、オランダはドイツに協力して逃亡者たちを逮捕し、引き渡した。彼らは強制収容所に送られ、オランダに逃れた人々はことごとく死んだ。

オランダは、まるでドイツの使用人のように振る舞っていた。だからこそ戦後、ドイツ人を長期にわたって憎み続けることになった。

一九四五年以降のオランダ政府の国民に対するメッセージは、二つの嘘《ウソ》で塗り固められていた。第一に、戦時中、ほとんどドイツへの抵抗運動《レジスタンス》がなかったにもかかわらず、話を膨らませて大々的に抵抗していたかのように装《よそお》ったこと。

そして第二に、対独協力は個別のケースで存在したが、政府ぐるみで協力していた事実はなかったとしたことだ。

これが完全な嘘《ウソ》であることは、アンネ・フランクが逮捕された事実を考えればよくわかる。彼女の家族は逃げて居場所を隠したにもかかわらず、誰かがオランダ当局側に居場所を教えたのだ。これはオランダ人社会に、大規模かつ組織的なドイツへの協力体制があったことを示している。

そして、これは大きな政治的副産物を生んだ。オランダは、西ドイツが北大西洋条約機構（NATO）に加入するのを拒否したのである。NATOは西ドイツを必要としていた。なぜなら当時の西ドイツは、社会主義の東ドイツと国境を接する、西側の最前線に位置していたからだ。

ところがオランダは、独自の反ドイツ感情に突き動かされて、西ドイツのNATO加盟を阻止しようと運動したのである。

韓国人たちと同じように、オランダ人の反ドイツ感情は長年にわたって維持されたのだ。

スウェーデンの偽善

もう一つ別の例が、スウェーデンである。第二次世界大戦中、ドイツがヨーロッパ中で行っていた非人道的な行為に対して、この国は消極的な傍観者の立場を変えなかった。

スウェーデン人は、自分たちを世界で最も偉大で人道的な存在であるかのように見せたがる。最近の例は、国連の地球温暖化サミットの演説で注目を集めたグレタ・トゥーンベリという女子高校生だ。彼らは常に世界に対して人道主義を説き、人類を救済し、地球を救えと主張する。

ところが、第二次世界大戦中の人道の危機に対して、彼らは何もしていなかった。ただ戦況をながめて、優雅にパンを食べていただけだ。

そして、事態を傍観するだけではなく、莫大な量の鉄鉱石をドイツに売ったのだ。ナチスはそれを鉄鋼に変え、銃や戦車にした。最も人道的なはずのスウェーデンが、ドイツの兵器の材料を供給していた。

さらに、ドイツ人が同じスカンジナビアの兄弟国であるノルウェーを占領した時、スウェーデンはまったく助けず見殺しにした。それだけではない。事後に占領地のノルウェーに向かうドイツ軍に、自国を横断する鉄道を使わせて、国内を楽々と通過させた。彼らはノルウェーを裏切り、ドイツに部隊輸送の協力をしたのである。

戦後、例えば一九五三年頃になると、ヨーロッパの多くの国ではドイツをすでに許していたが、スウェーデンはオランダと同じように、超がつくほどの反ドイツ感情を保持していた。

戦争中、彼らはオランダ人と同じように臆病者で、ナチスに協力していた。戦後のスウェーデンは世界に道徳を説いてきたが、彼らの実際の大戦中の行為は、きわめて非道徳的だった。逆説的だが、だからこそ道徳的高みに立ちたがるのである。

スウェーデン企業や財界人のなかには、大量の物資や資源をドイツに売ることで、戦時中、非常に経済的に豊かになった者が数多くいた。ナチスの金塊の多くが、最終的にスウェーデンに渡っていたことはよく知られている。彼らはドイツに積極的に協力したからこそ、戦後になって激しい反ドイツ感情に転じたわけだ。

韓国人にも同じことがあてはまる。韓国の行動は、一見すると不可解なところがあるところが注意深く比較してみると、その本質は、ドイツに対する欧州各国の態度と同じであるとわかる。

戦時中にドイツに協力的だった国こそ、本当に反ドイツ的な態度をとるようになる。

スウェーデン人は、自らを世界の人道主義の守り手であり、それ以外の国々は自己利益を追求する強欲な人たちであるかのように主張する。戦争終結までドイツに積極的に協力していたからこそ、戦後になると「ドイツはひどい国だ！」と非難して回るようになった。

オランダ人も従僕《じゅうぼく》のようにドイツに協力したため、戦後は「ドイツ人お断り」に転じた。

韓国人の反日心理と「苦悩に満ちた再評価」の義務

それと同じ構図で、韓国が抱える問題も韓国人の内面に起因する。つまり、それは戦後生まれの息子たちと、その父親や祖父たちとの関係の話であって、外交や二国間交渉で解決できる問題ではない。

つまり、これは心理的な問題だ。自分たちの恥である祖父の世代の奴隷的な態度を隠したい、忘れたい一心なのである。

ここに新たな問題の根がある。今日の韓国は、従属相手を切り替えて中国の従僕《じゅうぼく》になろうとしており、そこに戦略的な問題が出てくる。それは韓国が、アメリカの主導する反中国・封じ込め同盟に参加できないことを意味するからだ。

この同盟は、日本、オーストラリア、インド、ベトナムによって構成されるインド太平洋地域の戦略的枠組みである。

米国が構築に努力している新たな同盟関係で、韓国の立場はＡＳＥＡＮにおけるカンボジアのそれとよく似ている。ＡＳＥＡＮは東南アジア諸国がまとまって中国の影響力に対抗する意味をもつが、カンボジアは中国の従僕なので、その結束を弱めるように動いている。

中国に忠実なカンボジアは、ＡＳＥＡＮ全体が合理的な政治声明を発表しようとしても、そこに反中の臭《にお》いをかぎつければ必ず否決に回る。

ここで紹介してきた六十～七十年前のヨーロッパの歴史は、現在の韓国の状況に、二つの点で教訓となっている。

第一に、日韓関係は外交問題ではないこと。日本は関係改善のためにあらゆる努力を試みてきたが、問題の本質は日韓の間にはなく、韓国人の世代間ギャップ、つまり現役の世代と、その父や祖父たちとの間に横たわる問題だ。自分たちの祖先が、日本の統治時代に臆病者として行動したことへの反発なのである。

第二に、非常に残念なことだが、韓国はもはや米国や日本と過去に結んでいた関係には戻らないことが明白になったことだ。彼らには中国に抵抗する意思はなく、一方的に従属しつつある。韓国が米日との同盟関係から離脱すれば、戦略面での悪影響は大きい。

韓国のなかにももちろん、このような中国接近の動きを阻止したいと考える人もいるだろう。それはそれで素晴らしいことである。

だが、米日からの離反と中国への従属を本当に止めたいなら、韓国人は歴史問題について、フランスがドイツに示したような態度に変わらなければならない。戦争が終わった数年後には、もう「過去を忘れて未来に生きよう」と態度を改めたことを学ぶのだ。

フランスでは戦時中、実に多くの一般人がドイツの軍需工場で半強制的に働かされていた。

現在のフランス政府が、このような過去の不幸に遭遇したフランス人に損害賠償するよう、ドイツを非難する声を上げることはない。

ドイツがフランスに対して実際に行った行為は、日本の朝鮮半島での行いよりもはるかに過酷だった。道を歩いていた人を連行して働かせた。ドイツ人はフランス人を追放し、射殺し、フランス国内から馬車三万輌分の財宝を奪っている。小麦から鉱物資源、美術品からトラックまで、ありとあらゆる財産を略奪したのだ。

しかも、ドイツはフランスで学校を建設するようなことをしなかった。

一方、日本は朝鮮半島のインフラを整備し、京城帝国大学や多くの学校を造った。

ところが二〇一九年現在、ドイツに対して公的に損害賠償を要求する人がいれば、フランス国内では変人扱いされるようになっている。

こうした状況から、実に多くのことが見えてくる。日本の外交官は韓国との関係を改善しようと、ありとあらゆる手を尽くした。両国間の歴史問題を解決するため、彼らは懸命に任務をこなしてきた。ところが、その努力はすべて無駄だった。

なぜだろうか？　それは、韓国側が「苦悩に満ちた再評価」(agonizing reappraisal)をしなければ何も始まらないからだ。これをシンプルな言葉で言い換えれば、「認めたくない自分の姿や立場を直視する」ことだ。これは実に苦しい作業であるが、韓国自身がこのプロセスを開始しなければ、日韓関係は何も変わらないのである。

韓国は日本人に、歴史の真実と向き合うよう要求してきたが、実は歴史を直視しないと問題解決できないのは彼らなのである。

すなわち韓国人は、まだ生き残っている父たちの世代の記憶や死んだ祖父たちの記録と対話することによって歴史の真実を知り、過去を直視しなければならない。彼らはそこで、ようやく正しい軌道に乗ることができるのだ。

オランダ人は韓国人と同様に、「苦悩に満ちた再評価」の努力をしなかったため、彼らの心理の奥底に弱さを抱えることになった。表面上は、ドイツ人に対する反発の感情は、三十年ほどでオランダ人から消えた。韓国のように、七十年以上も騒ぎ立てることはしていない。

しかし、ドイツに対する表立った反感は消えても、オランダ人の心のなかにはその問題が熾火《おきび》のように残り続けている。例えば対独協力者の行動は、いまだに続々と文書記録から発見され、史実であることを裏づけている。

歴史的事実を直視すべきなのは韓国側

以上の私の分析は、日韓関係とは何の関係もなく、未来に向けていかなる解決策も示していないように思われるかもしれない。しかし私は、ヨーロッパの歴史問題が示唆《しさ》するように、日本側にも具体的な解決策はあると考えている。

それは、日本政府が日韓にまつわる近現代の歴史の真実について、真剣に研究する本物の公的プロジェクトに資金を提供することだ。忙しい外交官でも、歴史的な事実が彼らの仕事に大きな影響を及ぼすものであることを知っている。

その唯一の問題解決策となるのが、調査研究によって、懸案となっている日韓関係史の本当の姿を浮かび上がらせることだ。「苦悩に満ちた再評価」のプロセスは実に難しいものだが、オランダでは一九六〇年代後半からようやく始まり、オランダ国内でも、公式見解とは違う歴史観が浮上することになった。

それは、歴史の真実を示す一つひとつのエピソードが具体的に浮かび上がることから始まった。公式見解では「レジスタンスは大規模に行われていた」とされていたが、時が経つほど、それを否定する具体例がどんどん出てきたわけだ。

ドイツのために働き、ドイツのために盗みを働いたようなケースが研究論文として文章化され、積み上げられた。それが「歴史の重み」となって、従来の政府見解の嘘を覆《くつがえ》すようになった。

韓国においても、こうした対日協力の具体的検証は必要だが、同時に日本側が朝鮮半島の開発と発展にどれだけ大きな貢献をしたか、事実を積み上げていくことも大事になる。インフラ、経済、教育、司法、実に様々な制度を近代化させたからだ。

先述したように、日本は朝鮮半島に数多くの教育機関を建設した。ソウル大学の前身は京城帝国大学だったことは、日本でもよく知られている。日本側の貢献や、朝鮮人の対日協力の事実を一つひとつ、記録から明らかにし、それらを積み重ねることによって、公式の「抵抗の歴史」の嘘を暴き、韓国人に歴史の真実を直視させることができる。

朴正熙のようなケースから始めてもよい。彼は日本の奴隷ではなかった。日本が朝鮮半島の発展に尽くした功績を認めていたからこそ協力した事実を、韓国人は自覚すべきなのである。

もちろん、単に腐敗していたから日本に協力した者もいるし、強者に従属する心理もあったはずだ。それでも多くの人々は、日本が朝鮮社会を現実に発展させていると信じたからこそ、前向きに協力したのである。

韓国は日米のパートナーたりうるか

日本は韓国を、戦略レベルでどう扱えばよいのか。戦略において本当に重要になるのは、行動を伴う実態としての「国家」の性格の違いだ。国家の性格というものは、それぞれ劇的に異なる。その違いは、ある側面では計測可能だが、別の側面では計測不可能なものだ。

その一例として、ロシアとイタリアを比較してみよう。この二つの国は、経済力の面ではほとんど差がない。ＧＤＰで計測すると、その規模はほとんど同じだ。

ところが、イタリアの首相がもし、どこかの国に脅しをかけるようなメッセージを発したとしても、誰も気にかけることはない。

しかしそれがプーチンだったらどうだろう。世界の誰もが耳を傾けるはずだ。

このイタリアとロシアの違いは何なのか？　なぜイタリアの影響力は、ロシアよりもはるかに小さいのか？

単純に、ロシアは世界最大の国土を持つ国だ、ということも言えるかもしれない。たしかにロシアはあまりにも広大なため、冷戦後にカザフスタンという巨大な国を失い、その後にウズベキスタンやタジキスタン、バルト三国、ベラルーシ、さらにウクライナまで失ったが、それでもまだ世界一の国土面積を領有している。

ところがイタリアは風光明媚《ふうこうめいび》な地中海周辺の土地を領有しているだけだ。このような国土のサイズは、たしかにものをいう場面があるかもしれない。ただし私はそれほど重要ではないと考えている。

なぜなら、もし国土の広さが重要であったとすれば、イギリスの全歴史が意味をなさないものになってしまうからだ。ヨーロッパの端にあるたった二つの島が十七世紀から大国となって世界帝国を築き、現在に至るまで、何とか大国としての地位や影響力を維持している。

よって、ロシアとイタリアの違いは、経済力でもなく、テクノロジーでもない。たしかにロシアは核兵器を持っていて、イタリアは持っていないのは正しいが、イタリア自身はNATOの取り決めによって、潜在的に核保有国ということも言えるのだ。

では、本当の違いは何だろうか？ それは、ロシアが世界で最も戦略的な国であるという点だ。

読者の中にはロシアに行ったことがある方もいるだろう。だがおそらく、ロシアにおいしい料理を食べに行くために訪問したわけではないはずだ。イタリアには沢山美味しいものがある。きれいな服を買うためにロシアに行くという人もめったにいない。ミラノに行くほうがはるかによい。

ではロシアがうまいのは何か？ 食事でもなければ服でもない。経済的にも、人口はイタリアの2倍はいるのに、経済力はほぼ同じだ。

彼らがうまいのは「帝国」の運営だ。モスクワから東方へ旅行したことのある人ならわかるように、ロシア国内には実に多くの共和国や自治区のようなものが存在する。ロシアは帝国の運営が抜群にうまいのだ。

そしてロシアの支配者は、「帝国ビジネス」がうまくなければダメなのだ。

プーチン大統領が自国民に常に発しているメッセージは、「わが国民よ、君たちにはすばらしい料理やファッションは与えられない、リッチにもなれない。でも君たちは帝国の臣民《しんみん》なのだ」というものだ。「君たちは世界最大の国にいる。その国土は戦争によって手に入れたものだ。戦争に勝つということは強さのあらわれである。私の前任者であるエリツィンやゴルバチョフは帝国の領土を失ったが、私は絶対に失うことはないし、むしろ取り返すこともできる」「だからこそ、文句は言わないでほしい。なぜなら私が君たちに帝国を与えるからだ」ということである。

イタリア人に「帝国」という言葉を聞かせても、笑うだけだ。彼ら自身がイタリアそのものを重要な国だとは考えていないからである。イタリアの政権は、その場しのぎで決められた連立政権である。その理由は、政治家たちが自分の地元の利益だけに忠誠心を持っていて、イタリア全土のために行動することをしないからだ。彼らはローマに忠誠心を持たないのである。

よって、ヨーロッパ主導のものは歓迎している。防衛はＮＡＴＯの決断の言いなりであり、経済はブリュッセルのＥＵ本部と欧州中央銀行にまかせてしまっている。マフィアのような組織でさえ、地域の組織にコントロールしてもらえればいいと考えている。

戦略というのは、このような国の性質や性格の違いを踏まえて考えなければならない。

韓国はイタリアと同じで、同盟国にならない

ここで本題の韓国の話に移る。

韓国の隣には北朝鮮がある。そしてこの北朝鮮と日本の関係というのが、実に曖昧《あいまい》だ。北朝鮮が核を保有しているからだ。

日本人の中には核兵器を毛嫌いする人がいるらしいが、人が毎日、ナイフや拳銃で殺されているのに、核兵器は過去七十四年、誰も殺していない。それでも核兵器に偏見を持つ人は多いようだ。

一方で、本章の最初で述べたように、この北朝鮮の核兵器が、中国からの独立を保証していると考えることもできる。もし北朝鮮が核兵器をもっていなければ、将来的には中国の植民地になっているはずだからだ。植民地にならなかったとしても、その影響下におかれることは間違いないだろう。

そういう意味で、北朝鮮の核は日本にとって中国からの防波堤となっていると考えれば、ポジティブな要素という見方もできる。

さて、北朝鮮との関係は、韓国にとっても微妙なものだ。北が核を保有していることは、韓国にとってもいつでも核攻撃をされかねないという懸念につながるからだ。

他方で、「同じ朝鮮人が核兵器を持っている」という意味で誇りに思っている部分もある。日本人は「朝鮮」の核兵器におののいているからだ。

日本から見れば、北にはロシアという極めて戦略的なプレイヤーがいる。彼らは計算高く、常に優位な立場を得ようと動いている。ロシアにとって、国際政治を動かす勢力均衡のゲームというのは極めてシンプルなのだ。

ところが韓国の場合は違う。韓国というのは、イタリアと同じように、国家の「結束」(cohesion)が完全に欠落した存在だからだ。現在の韓国の大統領である文在寅《ムンジェイン》が、全国民の半分から「売国奴」だと考えられているのは偶然ではない。その前の大統領である朴《パク》槿《ク》恵《ネ》は汚職で投獄されている。

もちろんどの国にも政治闘争はある。内紛と呼べるものもあるだろう。ところが韓国のそれは、イタリアと同じように、国家としての「結束」が欠けているのだ。「結束」というと複雑なようだが、単純にいえば「まとまり」であろう。だがそれはどのような「まとまり」なのだろうか？

それは、皆がすべてのことに合意する、という類《たぐい》のものとは違う。アメリカの例から考えてみよう。現在のアメリカの政界では、トランプ大統領に対しての意見が、民主党と共和党で大きく分裂している。ホワイトハウスの中でも「まとまり」はゼロだ。

つまり「結束」は「まとまり」とは違う。これは「敵に対するまとまり」という意味だ。日常の政治のことについてのまとまりではない。自分たちの「共通の敵」に対するまとまりのことなのだ。

いまワシントンに行って、例えば民主党のリーダーであるナンシー・ペロシ下院議長に対してトランプ大統領について尋ねれば、「彼は本当にひどい！」と叫ぶだろう。

ところが彼が中国を攻撃していることについて聞くと「素晴らしい政策を実行している」と賞賛する。むしろ「もっとやれ」と言うはずだ。

民主党の上院のリーダーであるチャック・シューマーに同じ質問をしても、トランプ個人を批判はするが、政権の中国に対する厳しい政策に対しては賛同するのだ。

これこそが「結束」だ。結束とは「まとまり」とは違う。これは敵に対するまとまりのことなのだ。

もしあなたがある船に戦いを挑もうと接近したら、相手の船の船員たちは直前まで同じ船の中で大ゲンカをしていたとしても、あなたの船が近づくのに気づいたとたん、総員配置について戦いはじめるだろう。そういう状態だ。

韓国の問題というのは、そのような国としての「結束」がなく、実質的にイタリアと同じである点だ。安全保障や国防問題における韓国の「結束」のなさは、本書の第三章でも触れるが、たとえ文在寅政権が交代したとしても変わらないのである。

イタリアは、第一次世界大戦の時、ドイツと敵対する関係だった。しかし第二次世界大戦ではドイツと組んで戦うことになる。一九四〇年、つまり第二次世界大戦の初期の頃に、イタリア政府のトップは当時のイギリスのウィンストン・チャーチル首相に会いにいって、「われわれはドイツとともに戦うことにする」と発言した。

その時のチャーチルの返答は「素晴らしい」というものであった。後に彼は、「やっかいなイタリアは、むしろドイツと組んでくれたほうがありがたい」と述べているのだ。

もしあなたが政治家として、目の前の戦略的な状況に対処しなければならないとしたら、イタリアや韓国のような国とは、大使館のような公式なチャンネルがあったとしても、統一した一つの実態として付き合うことはできないと覚悟すべきだ。

これは日本がアジアで同盟関係を構築しようとして、フィリピンをまともな同盟相手として扱うことができないのと同じである。

国家戦略レベルで見れば、韓国とまともに付き合うことはできない。それでも、隣国との懸案事項だから、ここでは歴史を比較した観点から韓国問題を分析し、日韓歴史問題の解決策を提示してみた。もし本稿で提案した歴史調査委員会のような組織ができれば、中立な立場の私がその代表に就任してもよい。ただしその際は、高い報酬を要求することになるだろう。

第二章

〝中国封じ込め〟の時代

米中冷戦の開始

二〇一八年、世界は大きく動いた。米中対決がいよいよ始まったからだ。この対決は、中国のレジーム（体制）が変わるまで終わることはない。その図式自体は、はるか以前から宣言されていたものだが、それが本格的に始まったということだ。

現在のアメリカと中国の対立については、アメリカ国内の超党派の支持、つまりトランプを愛する人々も、トランプを憎む人々も、「中国と対決していく必要性がある」ともれなく合意できている。

その象徴が、二〇一八年十月、ハドソン研究所で行われたマイク・ペンス副大統領の対中演説であろう。

本日私がここへ来たのは、アメリカ国民が次のことを知るべきだからである。それは北京が政府の総力を挙げて政治的・経済的・軍事的手段および宣伝戦略を使い、影響力および利益の拡大を合衆国に仕掛けてきているという点だ。

中国はまたその国力をかつてないほど積極的に使ってきている。そしてこの国内部の政策、及び政治への影響力と干渉力を拡大しようとしている。

アメリカはずっと期待していた。経済的自由が中国を、われわれ及び世界とのより良いパートナーシップへと導くことを。ところが現実には、中国は経済的攻撃を選択してきた。われわれの期待は彼の国の軍事的膨張を後押ししただけだった。

のみならず、われわれが期待したのは北京がその人民に対して、より広範な自由を認めることだった。しばらくの間、北京はより広範な自由と人権尊重へとわずかに歩を進めた。だが近年、中国はその人民に対する管理と抑圧へとその歩みを鋭く翻《ひるがえ》した。

今や中国がその世界において、激しさと戦略性を増しながら戦略的利益を追求する方法は、極めて限られている。過去の政権は中国の行動に見て見ぬふりを続け、多くの場合は彼らに加担してきた。しかしその日々は過ぎ去っている。

米中冷戦の開始を決めたこの演説は、「鉄のカーテン」を訴えた、一九四六年のチャーチル演説に匹敵する意義を持つだろう。

アメリカが中国と対決せねばならない理由は、大きく分けると以下の三点になる。

Ⅰ．アメリカ国内だけでない、日本のような同盟国などからの、違法なテクノロジー窃取への対処。

Ⅱ．東シナ海や南シナ海など、海洋面における中国の覇権主義への対処。

Ⅲ．中国周辺に位置している国々への支援。

この三つの点について詳しく説明していこう。

テクノロジーロビーが対中強硬派に転じた

実は、アメリカで対中冷戦の最初の宣言がなされたのは二〇一二年、オバマ政権の国務長官だったヒラリー・クリントンの「アジアへの回帰（ピボット）」演説だった。

ところが、アメリカはそれを忘れて、他のことに目を逸《そ》らしてしまった。例えば、イラクの村の治安問題やアフガニスタンの部族の問題にかまけ、アメリカの大戦略は引きずられてしまった。大戦略とは本来、グローバルなレベルの話だが、村レベルの問題に引きずられたのだ。

しかし、そのような状態は終わりを告げた。原因は実に様々だが、一つにトランプ大統領の「中東には一切カネも兵士も使わない」という決断があることは明らかだ。

これには米軍も同意している。軍は以前からアジアシフトを提案しており、いまや中東に居残ろうとしているのはマティス前国防長官をはじめとする古い世代だけとなってしまった（そのマティスもホワイトハウスを去った）。その他の軍人たちは、中東介入に何の価値も見出していない。近代化も国家建設も意味がないとわかったからだ。中東で何かヤバいことが起こったら援助するのではなく、爆撃だけしてしまえという考えになっている。

故マケイン上院議員のような米軍ロビーたちは、これまでイラクの村のような問題に目を奪われていた。ところが、イスラム世界は決して平和になったり安定化することはない──米軍はようやくこの事実を理解したのだ。よって軍事ロビーはいま中国に集中し始めている。

さらに、より重要なロビーがある。テクノロジーロビーだ。

これが、米中対立が不可避であるIの理由だ。

ごく最近まで、テクノロジー系企業のトップらがワシントンDCまで来て言ったことは、専《もっぱ》ら「関税だけはやめてくれ」という陳情《ちんじょう》のためだった。サプライチェーン（商品供給の流れ）を邪魔するからだ。もちろん彼らは以前から関税を嫌っているのだが、以前と違うのは、テクノロジー戦争において米政府に助けを求めていることだ。

中国と協力するグーグル

以前のテクノロジーロビーには、中国に対する警戒感がなかった。例えばグーグルは、ペンタゴン（米国防総省）に協力することを拒んだ同じ週に、中国の清華大学と共同研究を行うことを発表している。しかも清華大学は、その同じ週に、なんと人民解放軍と「軍民融合」で軍事に協力していくことを合意しているのだ。

なぜこのようなことが起こるのか？　グーグルのなかには、中国人が五百人も働いているからだ。

ＡＩがジオテクノロジー（技術の地政学）的な競争における核心であると認識され、ＡＩこそが争いの中心だとされていながら、その一方で、グーグルのようにこのＡＩの重要性を知りながら、ペンタゴンとの協力を拒否し、中国とは協力している企業があるのだ。

しかもこの動きに対して、アメリカでは誰も批判せず、リアクションも起こしていない。なぜかというと、われわれがいま置かれている状況が、NATO（北大西洋条約機構）が発足した一九四九年や、朝鮮戦争が始まった一九五〇年と同じような状態にまで行き着いていないからである。

もちろん冷戦は、一九四〇年代半ばにすでに始まっていたと言えるが、それが本格化して誰の目にも明らかになったのは、朝鮮戦争が勃発した一九五〇年からである。冷戦時代の始まりで言えば、われわれはいま、かつての冷戦時代の開始時点の状態まで来ておらず、その移行期にいる。つまり、未《いま》だ脅威や危機が見えづらい面があるのだ。

中国は明白な脅威だ。その中国によるテクノロジー獲得の核となるのが、AI関連の技術の窃取だ。そのAIにとって最も重要なのはソフトウェアの部分だが、ハードウェアの部分で最も重要なのは、それに使われる通信機器の生産能力である。

この分野において、日本はアメリカと並んでおり、それにオランダが続き、そのはるかあとにイギリスとドイツが続く。その中間にイスラエルがランク入りする。彼らは計測系のテクノロジーに強い。いま挙げたこれらの国々は極めて高度なテクノロジーを持っており、連携して協力すべきであることは明らかだ。

アマゾンやフェイスブック、グーグルは、同じ土俵に立てば中国の同じようなサービスを持つ企業よりもはるかに優れている。ところが問題は、彼らが中国でビジネスから締め出されているだけでなく、テクノロジーを盗まれていることだ。知的財産権の侵害事案が相次いでいる。

誘惑と贈賄で技術を盗む

盗み方は二つ。一つは米国内で優秀な人間を雇うこと。これは違法ではない。しかし雇う時に、「もしいま働いている会社のハードドライブ、ラップトップ（ノートPC）、フラッシュメモリーなどにある機密情報を持ってきてくれたら、三倍の給料を出す」と言うのだ。コンピュータの集積回路を作るには、大量の情報から成る設計図が必要となる。その情報の抜き取りを、北京政府の支援を受けた中国系のエンジニアが行うのだ。

私は最近、FBI長官と対話する機会があったが、中国が違法に米国のテクノロジーを獲得することを阻止するための活動が、FBIに幅広い影響を及ぼし始めていると聞いた。なぜなら、中国側が送り込んでいる工作員の数が多すぎるからだ。

もちろん、彼らはジェームズ・ボンドのような「スーパー・スパイ」ではない。工作員は、留学生、研究者、会社の幹部だけでなく、米国内の中国系アメリカ人にもいる。FBIは、この国内にいる中国系アメリカ人の扱いに手を焼いている。

米国のテクノロジー系企業にも問題があって、彼らは中国系の人間を警戒していたとしても、採用の際に断るわけにはいかない。もし断ると「人種差別だ」と訴えられてしまうからだ。テクノロジー流出に関するスパイのケースは、大半が中国系アメリカ人によって行われている。にもかかわらず、防げないのである。アメリカの大学はハイテク分野で中国人学生に奨学金を与えないように変わってきているが、中国系アメリカ人を差別することはできないからだ。

もう一つの盗み方は、中国の国家安全部との合弁企業を通じたものだ。これをやられると、海外の民間企業は絶対に勝てない。

合弁企業は、まず「誘惑」(seduction) する。例えば中国本土にいる家族の先祖の墓を綺麗にして、その写真をサンフランシスコで働く中国系エンジニアの若者に送りつけたりする。大半の中国人の若者は、先祖の墓を綺麗にしないので非常にありがたがる。

さらに「贈賄」(bribery) だ。例えば、いま北京では不動産バブルの状態なので、2L

DKのアパートが一億円以上する。戸建ての一軒家などは五億円以上だ。

このような家に合弁会社が従業員を無料で住まわせているのだが、中国系エンジニアたちの住むサンフランシスコなどでは住宅だけでなく、学校の学費なども高い。それが無料となれば、本人たちの生活水準は劇的に上がる。

これができるのは、中国の企業が本当の意味で「民間の企業」ではないからだ。中国の「民間企業」は、英語でいえば国家の「選択されたツール」(chosen instruments)と言える。その典型例は、過去の英石油メジャー、BP(ブリティッシュ・ペトロリアム)や東インド会社だろう。

民間企業の形はとっているが、国家からライバル企業の情報を提供してもらったり、資金を援助してもらうことで、その存続が保証されていた。現代の中国で言えば、百度《バイドゥ》、ファーウェイ、テンセントもこれと同じだ。

アメリカではいま、こうした中国側の事情にようやく気づいたテクノロジーロビーたちが、次々と米国政府に対して注意するよう要請し始めている。その典型が、米国アイダホ州に本社を構える半導体製造の大手マイクロン社のケースである。

二〇一八年十一月、米司法省は台湾のマイクロン社の半導体メモリDRAMの情報を盗んだ疑いで、中国の半導体製造大手ＪＨＩＣＣ（福建省晋華集成電路）社を起訴した。ＪＨＩＣＣはマイクロン支社のすぐ側にシャドー会社を設立、マイクロン社の社員をリクルートして、「マイクロン社のパソコンの情報をそのまま持って来れば三倍の給料を支払う」と言って、機密情報を盗もうとしていた。

それに気が付いたマイクロン社側が台湾警察に通報、ＪＨＩＣＣにガサ入れが行われた。その際、社員たちがビルから持ち逃げしたのは自社の技術ではなく、マイクロン社の情報だった。翌日、中国福建省の裁判所が独占禁止法でマイクロン社を訴えた。

アメリカは、国内で中国が違法なテクノロジーの獲得といった浸透工作を行っていることに気づいている。中国の工作は企業を買収するか、買収しなくてもその企業を抱き込んだり、学生を送り込んだり、研究者を送り込んだりと、まさに「想像できるあらゆる手段」を通じて行われているのだ。「中国製造２０２５」のようなハイテク産業をめぐる戦いはすでに始まっている。そしてアメリカのテクノロジーロビーも、中国企業の背後にいる「北京政府」の存在に気づき、いま戦い始めている。

日本もすでにハイテク戦争に「参戦」している

確かに、今般の米中間の戦いは、商業や貿易という「着物」をまとった完全に政治的なものだ。したがって、これによって中国の経済が崩壊することはないが、経済成長率が以前のように二ケタに達することはなくなるだろう。他の先進国と同じように、一ケタ台のものになるはずだ。ただしそれが四％でも、アメリカやヨーロッパ、さらには日本などよりも、はるかに大きいことになる。この点は冷静に見る必要があるだろう。

米中貿易関税の問題そのものは解決するだろう。なぜなら、それは米中間の紛争における核心的な部分ではないからだ。米中間におけるほとんどの経済活動は、影響を受けずに続く。

例えば自動車などは普通に流通する、と私は見ている。商業や貿易は管理できるからだ。

他方、影響を受けるのは戦略的な分野、つまりＩＴやＡＩに関する分野で、これらは相当な制限を受けることになる。これが先に述べたテクノロジーロビーの動きと連動している。

だからこそ、アメリカ政府はキャタピラー社のような国内の戦略的な企業への中国による買収を防ぎ、中国がブルドーザーの製造で世界ナンバーワンになるのを防ごうとしているのだ。

もう一つは、現在、テクノロジーロビーが最も警戒するファーウェイだ。二〇一八年十二月一日、アメリカはカナダ当局に要請し、ファーウェイ副会長の孟晩舟《もうばんしゅう》を逮捕させている。さらに二〇一九年五月、米商務省は中国の通信機器大手企業ファーウェイに対する米国製ハイテク部品などの事実上の禁輸措置の発表を発表した。

トランプが着々と手を打ち、ファーウェイを目の敵にして潰《つぶ》そうとしているのもこの一環なのである。

その戦いにおいて、日本は極めて重要な役割を担っている。鍵となるのが、ソフトバンクという会社だ。

ソフトバンクは、ARMというイギリスのケンブリッジにある企業を買収している。ARMは生産している製品ではなく、AIやIT関連のデザインに関する知的財産において極めて高い重要性をもっている。コアとなる集積回路のデザインに関する知識が豊富だからだ。

ここで重要なのは、このARMと中国企業との間のジョイント・ベンチャー（合弁会社）の計画が中止されたことだ。それは、ダボス会議で中国が宣伝していた最新型のKirin980という中国全土で使われている集積回路が、実際はARM製であるとの理由からだった。

小さな集積回路を作る場合、ナノテクノロジーの技術が必要になってくる。中国製のものは四十ナノメートルまでの精度しかないのだが、ARMのものは七ナノメートルまでいける。中国としてはこれが必要なのだ。

ミサイルや兵器、さらにはiPhoneなど、あらゆる小型のものには、この七ナノメートルのレベルの技術が必要となる。すると、ARMがどれほど重要なのかがよくわかるだろう。

もちろん、このような知財をARMが売り続けることはできるが、ジョイント・ベンチャーを通じて中国に実質的に渡してしまうようなことはなくなった。これはソフトバンクにとって非常によい決断だった。ソフトバンクのリーダーたちは、中国のIT産業の核となる集積回路を作っている企業が自分たちの傘下にあることをしっかりと認識すべきだ。

大きな懸念は、ソフトバンクの投資のなかで最も利益が出ているのがアリババだという点だ。孫正義氏の最大の成果は、中国のアリババに投資したことだ。つまり、中国との関係が非常に深いのである。これがいかに懸念すべき状態にあるか、おわかりいただけるだろう。

英国のエリザベス女王は、このARMの名目上のオーナーであるが、英国の実際のオーナーは、中国にテクノロジーを売り渡したいとは思っていない。ところが、さらにその上のオーナーであるソフトバンクが中国にARMを売り渡してしまったらどうだろう。早速ARMのコピー製品が出回るはずだ。これは当然のことながら日本だけの問題ではない。世界すべての企業が中国に対してIT関連でかかわるとすれば、それをセーフガードすべきである。

したがって、まさにいま求められているのは、例えば日本政府が率先してIT企業同士の「連携委員会」を組織することだ。ここで、何を中国側に与え、まだ何を中国側に渡していないのかをチェックするのだ。

その際、思い出さなければならないのは、中国のITの使われ方の優先順位である。

第一に、彼らは自国民を抑圧するためにITを使う。まずはチベットやウイグルの少数派、次に全国民を監視、抑圧し、順応させるために。

だからこそテクノロジーロビーの動きは非常に速いのであり、またその効果も大きいはずだ。われわれは中国人民への抑圧に加担すべきではない。

第二が、軍事面での応用である。

もし日本やアメリカ、そしてオランダや英仏が連携してこのような事態に対処できないとなれば、それは自分たちの首をくくるための縄をわざわざ中国に渡してしまっているようなものなのだ。人民解放軍の戦力の向上に寄与してはならない。

日本は、このようなIT関連の分野での連携を率先して提案すべきであろう。

親中派《パンダ・ハガー》は消え失せた

テクノロジーロビーもようやく中国の脅威に気づいたことで、アメリカ政府内から「パンダ・ハガー」と呼ばれる親中派は事実上、消えたといっていい。

まず軍事ロビーが、これまでアフリカの山奥でアブドゥラやモハメドという名前の、誰も気にしないようなテロリストたちを追う代わりに、中国を標的とし始めた。

さらにはテクノロジーロビーだけでなく、人権ロビーもここへ加わる。実際のところ、人権ロビーの対外政策における影響力はほとんどないのだが、軍事やテクノロジーロビーが騒ぐような事件が毎日起きなかったとしても、中国では新疆ウイグル自治区やチベット、弁護士の拘束など、人権問題は連日続いている。これらのことを彼らは問題視している。

中国では内政における締め付けが厳しくなっている。典型的な動きは共産党中央政治局常務委員会にも見られる。かつての常務委員は建前上、九人全員が平等だった。各人が社会科学院の教授などのアドバイザーから自由に意見を聞けたわけだが、現在の習近平独裁の下の七人体制でこれができるのは、習と距離の近い理論派、王滬寧《おうこねい》だけである。

そして、外交ロビーも対中戦線に加わる。最近、ワシントンDCを訪問した北京政府に近い中国人有識者が、出国間際の空港でFBI（米連邦捜査局）の捜査員に呼び止められ、面会者や日時を全て申告するよう求められた事例などは、米政府の中国に対する締め付けが始まっていることを物語っている。

陣容は整った。いまから十年前の時点では、外交ロビーの七、八割はパンダ・ハガーだった。日本の外務省も、半分はパンダ・ハガーだったろう。彼らは「中国が経済成長すれば民主化し、対外政策も国際協調を追求し始める」、だから日本の方針としても、「中国に厳しいことは言わず、正しい方向へ向かうことを後押しすれば良い」と考えていた。いまや、それを信じている人は誰もいない。

軍事大国化し、アメリカを裏切った中国

軍事・外交面においても中国の行動は悪化している。米中対立が不可避であるⅡの理由だ。

その典型例が南シナ海の事案である。習近平は二〇一五年に、アメリカのパンダ・ハガーの代表であるスーザン・ライス大統領補佐官（国家安全保障担当）に対して「南シナ海の武装化はしない」と断言し、オバマ政権は信じてしまったが、これは最悪の決断だった。

当時、アメリカはまだ中国にそこまで集中できていなかった。オバマ政権について思い出していただきたいのは、彼らが中国による大規模なサンゴ礁の破壊に対して、何もリアクションを行わなかったということだ。環境破壊に関して何も非難していないのである。オバマ政権は環境保全に血道をあげていた政権である。ところが、環境を大規模に破壊していた中国に対しては、何も不満を表明していなかったのだ。

中国は、オーストラリアにあるグレート・バリア・リーフの三分の一ほどの規模のサン

ゴ礁を南シナ海で破壊している。これはホワイトハウス自身が発表した統計だ。

スーザン・ライスはオバマ政権の安全保障担当アドバイザーであったが、彼女のそもそもの専門地域はアフリカである。中国が世界でナンバーワンの脅威として認識されている世界で、彼女やオバマ大統領はジンバブエのような国のことを恐れていた。中国が南シナ海に巨大な軍事基地を建設している間に、彼らはアフリカの小規模国家ばかりに注目していたのだ。これが現実である。

このような状態は、トランプ大統領が政権についた瞬間に終わった。トランプ大統領の最大の功績は、中国を脅威として正しく認識して対処したことである。中国への対処は、アメリカ国民全員が要求していたことであるし、民主党でさえ合意していることなのだ。

オバマはこうしたことを全く行ってこなかった。最優先でやるべきことであったにもかかわらず、彼はそこから目をそむけ続けていたのだ。オバマ政権やそれを支持していた人々は、「降伏」を甘受していただけである。変わったのは、オバマが二〇一六年に政権を離れてからだ。

本来、アメリカ人は蹴られても悪口を言われても我慢できるところはするが、嘘をつかれたり約束を破られることについては許せないのだ。中国の南シナ海の進出は、まさにこの「許せないこと」だった。トランプは、習近平に絶対に妥協しないだろう。

南シナ海での横暴なふるまい

南シナ海について、フィリピンが提訴していた仲裁裁判所の裁定が出たのは二〇一六年七月十二日。結果は中国にとって非常に厳しい内容だったが、中国は裁定が出る前から大忙しで、世界中で大々的なプロパガンダを行ってきた。仲裁人に対する個別の接触を試みていたことも明らかになっている。

彼らは表向きには、「裁判所には正統性がない。裁判権を持っていない」と徹底的に批判していた。そしてそのような中国の立場を支持するよう、各国の要人やメディアなどに働きかける動きを見せていた。

これは実に興味深いポイントだ。もし中国が本当に自らの主張が法的根拠に基づいた正しいものだと思っていたなら、そもそもこのようなキャンペーンを行う必要がないはずだからだ。

にもかかわらず、裁定が出る前から「どんな裁定が出ても中国は受け入れない」というキャンペーンを張ったのは、中国の言い分が認められないであろうことをほぼ一〇〇％、確信していたことを物語っている。

中国はしきりに「仲裁裁判所は域外国の差し金で動いている」と述べ、さらに「南シナ海の問題は二国間協議で解決すべき」と述べてきた。

だがこれは東南アジア諸国にとっては、中国という巨大なゴリラが小さなサルに向かって「二人だけで公平に話し合おうじゃないか」と言っているに等しい。誰が考えてもわかるとおり、巨大なゴリラと同じ檻《おり》に入りたいと思うサルはいない。

南シナ海の問題を抱える各国は、フィリピンのケースを見て「あのような状況に陥らないようにしよう」、つまり二国間交渉など真っ平御免《ぴらごめん》だと考えているに違いない。「うっかり応じれば、次はわれわれの番だ」と警戒していることだろう。

「一帯一路」構想の致命的な過ち

周辺諸国との問題を解決するために中国が打ち出したのが「一帯一路」構想（OBOR＝One Belt One Road）である。これによって中国は諸外国に投資や経済援助をして、スリランカやパキスタンのような国に港湾施設を建設している。つまり彼らは、「マリタイム・パワー（海洋力）」をカネで獲得しようとしているのだ。

だが、中国はマリタイム・パワーを誤解している。マリタイム・パワーとは狭義の軍事力だけでなく、関係諸国と友好な関係を持ち、その友好国との軍事的、外交的、経済的、文化的な関係によって形作られる総合的な力のことである。軍艦を寄港させると同時に情報交換をするなど、諸外国と良好な関係を築くことで存在感や総合力を増すものである。

アメリカは、世界のありとあらゆる国に出かけて戦争したり、爆撃したり、勝手気ままに振る舞っているが、なぜそのような行動が取れるかといえば、近隣のカナダ、メキシコ、カリブ海諸国と一切紛争を起こさないからだ。海上ではそれぞれの国との政治関係によって、どの国と敵対し、どの国と友好関係にあるかということが何よりも重要になる。

一方、「シーパワー（海軍力）」とは装備や訓練を拡充することで増強できる海軍力そのものを指す。

現在、中国は、軍艦を建造するのに熱中すること、つまりシーパワーの増強によって、敵を作っている。強力な海軍を建設すれば、関係諸国が中国を恐れるのは当然だ。その結果として、中国はマリタイム・パワーを失う。

これは一九〇四年のロシア帝国と、第一次世界大戦のドイツが招いた失敗と同じだ。彼らはシーパワーは持っていたが、マリタイム・パワーを持てなかった。

本来、中国が「一帯一路」構想で獲得すべきなのは、マリタイム・パワーのはずだ。信頼の醸成《じょうせい》にはカネはかからない。だが、その獲得は非常に難しい。広範囲にわたる長期の取り組みが必要であり、相手国と平等な関係になってこそ同盟に近い関係が築けるからだ。

いくらカネでマリタイム・パワーを手に入れようとも、カネは必ずしも信頼獲得の効果を生むものではなく、もっと言えば、カネという札《カード》は安全保障という札《カード》に負けてしまうことが多い。

中国は、「われわれは非常に寛大で、多くのカネを配って投資し、大量の旅行者を送り込むことも、あなたの国の製品を大量に買うこともできます」としきりに宣伝する。しかし中国に対して一度でも恐怖を感じた国は、このような提案を拒否するようになる。

加えて、中国が同盟国として、例えばフィリピンなどの相手を同等に見てリスペクトできるかと言えば、かなり微妙である。これではマリタイム・パワーの醸成は難しい。

中国は空母の建設や海上演習を大々的に行うなど、力を見せつけて周辺国を圧倒しようとしているが、これはあくまでもシーパワーに過ぎない。むしろ周辺国は中国を恐れ、中国軍艦の寄港を拒絶するようになる。中国の思惑に反し、現実は嫌われる一方となっている。

にもかかわらず、中国はマリタイム・パワーとシーパワーを混同し、強圧的態度を改める姿勢は見られない。自身の間違いに気づいていないようだ。

そのため、習近平はフィリピンに対して行ってきた、実に攻撃的な「冒険主義」の方針を今後もしばらくは続けていくだろう。

リーマン・ショックを見誤った北京政府

中国は慎重に時と場所、相手を選んで攻撃的姿勢に出るか、そうでない態度を取るかを決めている。

私はこれまでの中国の戦略を、「チャイナ1・0＝二〇〇九年まで採用されていた平和的台頭」「チャイナ2・0＝リーマン・ショック後からの対外強硬路線」「チャイナ3・0＝二〇一四年秋以降、反中国同盟の結成に気づいてからの選択的攻撃」と分析している（『中国《チャイナ》4・0』文春新書参照）が、習近平がインドや尖閣ではなく、フィリピンに対して強く出るという態度を選択したのは、まさに私が「チャイナ3・0」と呼ぶ選択的攻撃政策なのである。

戦略のルールから考えれば、中国がこれらの問題を解決できる方法が見えてくる。それは、「あらゆる国に対して友好的に振る舞い、自国の規模の大きさに気づかせないこと」だ。これこそ中国の取るべき最善の策であり、実際に北京政府はこれを実行した過去がある。二〇〇〇年代初頭に提唱した「平和的台頭」がそれだ。「俺たちは国際法や規範《きはん》を変えないし、誰も脅すつもりはない、台湾にだって侵攻しない」というものだ。

だが中国は、リーマン・ショックが起きると、大きな勘違いをしてしまった。オバマ大統領が就任した二〇〇九年、リーマン・ショックに端を発する先進諸国の経済混乱を見て、北京政府は「これでアメリカは終わった」と判断し、それまでの「平和的台頭戦略」を改めて、周辺の国々に攻撃的な態度をとるようになったのだ。

北京政府は自ら仮面をはぎ取った。二〇〇九年頃からインドや日本、ベトナム、フィリピン、九段線を口実にインドネシアまで巻き込んで、本格的に領土紛争を再開したのだ。

これは当然ながら大失敗だった。

覚えておかなければならないのは、当時、日本では政権交代が起きて民主党政権が誕生しており、米中の間で、日本はほぼ中立的な方向へ傾きつつあった点だ。これはきわめて重要である。なぜなら、日本を刺激さえしなければ、日本は中国にとって邪魔になることをしなかったはずだからだ。

この時の北京政府の対日行動こそ、まさに私が「大国の自閉症」と呼ぶものの典型だ。親中派の小沢一郎（当時民主党幹事長）が過去最大規模の国会議員団を引き連れて北京詣でをした九カ月後、尖閣諸島沖での中国漁船による海保巡視船への衝突事件が起きた。こういうタイミングで日本を攻撃したということは、北京には正しい情報が入っていなかったことを意味する。「オザワ日本」を「アベ日本」にしてしまったのだから。

もしこの先、中国が日本と尖閣で軍事衝突を起こせば、GDPの一％しか防衛費に使っていない日本が、他国並みに国防費を倍増する理由になる。

当時のインドのシン首相も、「わたしは国境付近の岩など問題にしない」という、経済発展を重視するだけの人物だったわけだが、北京政府はこのような人物を足蹴《あしげ》にして、アルナチャル・プラデシュ地区で国境紛争を起こしている。

モディ首相になってから、ジャンムー・カシミール州東部のラダックに八百名の中国兵が侵入した時も同じことが起きた。周辺国の中国への警戒心は強まるばかりである。

同様の現象はマレーシアやインドネシアでも起きており、軒並《のきな》み反中政権が誕生している。

それ以降、中国は選択的攻撃、つまり「抵抗のないところには攻撃的に出て、抵抗があればやめる」という路線に修正した。この戦略は実際のところ、すでに破綻しており、私は「チャイナ4・0」、つまり中国が南シナ海から撤退し、空母の建設を中止する策を取るべきだと提唱している。

だが、メンツを重んじる中国が耳を傾けることはないだろう。中国はすでに破綻している「3・0＝選択的攻撃」政策を、なおも続けざるを得ない状況になっている。

中国は海洋戦略を全く理解できていない

ここに、米中対立が不可避である理由のⅢが生まれる。

日本、インド、ベトナム、オーストラリアなどの国々が、対中国同盟を築《きず》き始めた頃、オバマ政権のアメリカは背後に回って支えたものの、主導権を取ろうとしなかった。

本来、ランドパワーの大国である中国が大規模な艦隊を作り始めたら、シーパワーの大国であるアメリカはその動きに対するリアクションとして、ランドパワー大国の周辺の国々との関係を強化しなければならない。

仮に中国が、日本に「尖閣で問題を引き起こして申し訳なかった。尖閣は日本のものです」と言明し、フィリピン、ベトナムにも同じ態度をとる。その結果として、中国人観光や投資などの平和的な交流に限ることにすれば、日本からも「なぜ中国と敵対するのか」という声が強くなり、中国のこの地域における覇権の確立につながり、現在、中国が強行しているシーパワーの増強とは相反するマリタイム・パワーが確立されることになる。中国が「平和的台頭戦略」に戻れば、対中国同盟は破綻することになるだろう。中国人が戦略的であれば、そう行動するはずで、日本にとってはそのほうが大きな問題である。

中国が、シーパワーは小さくあるべきだという戦略の本質を理解していないのは前述の通りだが、そもそも、中国は大海原《おおうなばら》というものを理解していないようだ。

日本で、「中国が第一列島線、第二列島線を設けてアメリカ海軍を締め出そうとしており、アメリカの空母がミサイルによって危険に曝《さら》されるので、グアムまで後退せざるをえない」といった議論が専門家の間でも取りざたされているようだが、これも典型的なランド・メンタリティ（大陸的思考）の産物だ。

中国が発想した第一列島線、第二列島線という考え方自体、中国がいかにマリタイム・パワーを理解していないかを証明している。海は陸とまったく違って、潜水艦や航空機が自由に活動する場所だ。にもかかわらず、中国人が国境よろしく列島線を強調するのは、彼らが海洋を理解することがまったくできずに、ランド・メンタリティによって考えていることを表している。

日本も先の大戦で、広大な領域を手中に収めたものの、それを確保するための航空機、艦船が足りなかったうえに、パイロットの十分な訓練ができなかったために戦争に敗れた。これはランド・メンタリティ、つまり陸にばかり足をとられているランドピープルの「領土」を基本にした考えによって戦略を考えていたからに他ならない。

中国も同じ過ちを繰り返している。つまり、中国は戦略的思考ができないのだ。

人民解放軍の陸軍軍人の中には、先のマリタイム・パワーへの認識を正しく指摘しているものもいるが、習近平にはその情報が届いていないようだ。

習近平政権がどれだけ自閉症的であるかは、彼らが党員たちに対してマルクス主義の古典である「マルクスとエンゲルスの書簡集」を読むよう通達を出したという事実からもわかる。このエピソードを日本に当てはめて譬《たと》えると、自民党の職員が『平家物語』の暗唱を求められるのと似たような時代錯誤である。

もちろん私は、『平家物語』の内容や、マルクスとエンゲルスの往復書簡がつまらないものだと言いたいわけではない。それはそれで歴史的にも立派な価値のあるものであることは疑いない。

しかし、交通渋滞や下水道の整備など、目の前に山積みの行政仕事を抱えながら、エンゲルスを暗唱させることにはまったく意味がなく、しかも現在の中国のようなスーパー資本主義社会でこれを強制させることがいかにデタラメかは、日本の役所で仕事前に『平家物語』を読まなければならないような事態だと言えばおわかりいただけるだろう。

これほど世界認識を間違っているトップがいる国に、政権崩壊以外の末路はあり得ない。

もちろん崩壊する前に、崩壊を避けるために改革を始めるという選択肢もあるが、私が最も可能性が高いと考えているのは、「改革を始めたからこその崩壊」である。あまりにも複雑なシステムを改革しようとしたために崩壊してしまうということだ。

アメリカの「中国の敵は味方」作戦

このような自閉症的な敵に対抗する際に最適なのは「対ナポレオン作戦」である。アメリカの対中政策は、典型的な「アングロ・サクソン」式であり、それは最初にナポレオンに対してイギリスが使ったものだ。

当時、イギリスの人口一千万人に対して、フランスは三千万人。フランスにはヨーロッパ中のあらゆる若者たちが集まっており、人口は五千万人程度とも言われていた。人口比でみれば、イギリスはフランスに対して五分の一の数的劣勢と言える。現在の中国に対するアメリカの数よりも劣勢だ。

そこでイギリスは何をしたか。当時、考えうるやり方は二つあった。

一つは「大陸式」。若者を軍に入隊させて鍛え上げ、強力な陸軍を作って大戦争を行うというものだ。しかしイギリスはこれをせず、もう一つの手法を用いた。誰でもいいからフランスに対抗する勢力を集める、というものだ。重要なのは、国の大小ではなく、「誰でも」という部分だ。

ワーテルローの戦いを見ればわかるように、双方の戦力を比べてみると、ナポレオン側の七万人超に対して、イギリス側は二万人弱。その他の小国が補完してようやく対抗できる状態であった。

ドイツやポルトガル、スペインなどの小規模な部隊があり、ナッサウ（十九世紀のドイツにあったナッサウ家が統治していた領邦国家）などは兵を三千しか出していない。

この状態はNATO（北大西洋条約機構）と同じで、ソ連という「熊」に、「ネコや犬」を集めて対抗するやり方だ。言葉は悪いが、そこに「ネズミ」や「ダニ」も加わる。

NATOの場合、ルクセンブルクなどは一大隊の五百人しか兵士がいない。デンマークには最高レベルの兵士がいたにもかかわらず、核兵器を禁止していたために、目の前のバルト海に、核兵器を搭載していた米海軍の艦船を入れさせなかった。

イタリアには二五％の得票数を持つ左翼民主党があり、しかもイタリア人はそもそも戦う気がない。軍事同盟を結ぶ国としての信頼性がないのだ。

フランスはドゴール政権時代にNATOから脱退している。イギリスも冷戦初期は植民地紛争から抜け出せなかったために、同盟への貢献は遅れていた。さらにギリシャとトルコという「犬」たちは、同じ同盟に属しながら互いに憎しみ合う、酷い状態にあった。

これが冷戦時代のアメリカの戦略だ。つまり、ソ連に対抗する勢力は、国の大小に限らず「誰でも」集める。この戦略は外交が九〇％で、軍事は一〇％にすぎない。

ナポレオンに対抗したイギリスに話を戻そう。なぜイギリスの反ナポレオン外交が成功したのかといえば、みんながナポレオンを恐れたからだ。ここにカギがある。NATOの戦略が成功したのも、みんながソ連を恐れたからだ。前節で述べたように、現在ではみんなが中国を恐れている。中国は国境問題でインドと紛争を繰り返しており、日本は尖閣諸島の領海に毎日のように中国公船が侵入してくることで、国境問題を強く意識している。

つまり、中国は戦争という問題に向き合っていないし、向き合うことができない。中国人は、軍事力を京劇のような、象徴的なものと考えており、実効性よりもハリボテを使って周囲を威嚇《いかく》することが大事だと思っている。だから、戦争に対して真の準備ができない。

南シナ海でも、その戦略のなさは露呈《ろてい》している。中国は南シナ海に人工島を次々と造成して軍事基地化しているが、これらの人工島に配置された中国軍機や艦船は地下壕や掩体《えんたい》壕がないため、戦闘が始まったら三分後には全て破壊されるのだ。軍事的には無価値な基地で、意味がない。

これまで中国が戦争に負けてきた理由もこれで、敵は象徴的なものではなく、現実だ、という認識を欠いてきたからだ。

戦略の論理が示す〝中国崩壊〟という未来

私が、中国で体制転換が行われなければならないと考える理由は、ナポレオンやソ連のケースと同じである。なんといっても現在の紛争は軍事力による「戦争」という形で終わることが許されないからだ。

もちろん、小規模な「事変」のような形で軍事衝突が起こる可能性はある。しかし核兵器があるため、戦争によって紛争を終結させるのは事実上不可能となった。例えば両国に核兵器が存在したために、アメリカとソ連との紛争は軍事衝突で終わらなかった。つまり、中国共産党がその統治を終えるまで、この冷戦は終わらないということだ。

中国の体制転換が不可避な理由はほかにもある。まず日本は中国に降伏しないし、インドも降伏しない。オーストラリアも、ニュージーランドも、ベトナムはなおさらであり、アメリカももちろん降伏しない。

この「反中同盟」に、新たなパートナーが加わりつつある。その一つがカナダだ（ファーウェイ副会長をアメリカの要請に応じて逮捕したのはカナダだったことを思い起こしてほしい）。

この国は日米の太平洋のパートナーとして、その力点を大西洋から太平洋に移しつつある。海軍は小さいが、太平洋側を増強しつつある。

歴史を振り返ると、大国は常に競争に勝ち残ってきたわけではないことに気づく。ヨーロッパに行くと驚かされるのが、ベルギーやルクセンブルク、さらにはリヒテンシュタインのような小国が残っていることだ。彼らが生き残った一方で、小国を呑み込もうとした帝国が消滅してきた。この不思議は、同盟関係の存在で説明できる。

反中同盟は決して中国に降伏しないだろう。紛争を戦争で終わらせることができず、しかも降伏もしないとなれば、片方の政権交代、レジーム・チェンジ（体制転換）しかありえないことになる。それは中国の政権崩壊を意味する。

ただし、中国共産党政権が「どのように終わるか」という質問にはまったく意味がない。不確実性を予測しても仕方がないのだ。なぜなら、戦略の論理が教えているのは「どのように」（how）ではなく、「何が」（what）、すなわち何が起こるのかだけを教えるものだからだ。「どのように」という手段的な部分は、国内のムードや自然災害、さらには習近平が事故にあったり病気にかかって死ぬとか、彼が投獄した二千人もの政敵や反対派の反乱によって失脚するなど、無数の予測不能な事態にかかわってくるものだからだ。

習近平は突然死ぬかもしれないし、排除されるかもしれないし、九十九歳まで生きるかもしれない。これは不確実なことだ。

さらに不確実なのが、中国国民の動向だ。彼らは国外の情報を手に入れ、北京政府に対して「あまりにも自閉症的だ、しっかりやらないと失敗するぞ」と喚き出すかもしれない。アリババのジャック・マーが旗振り役を始めるかもしれない。アリババはたしかに北京の「選択されたツール」だが、北京の奴隷ではないからだ。彼が北京の誰かに向かって、「世界に敵愾心《てきがいしん》を抱かせるようなことは勘弁してくれ」と漏らすかもしれない。アリババがカリフォルニア州のスタートアップ企業を純粋にビジネス的な観点から買おうとしても、北京の行動のせいでFBIからブロックされるかもしれないからだ。

このように、世界とコネクションを得た中国人が、自閉症的な共産党政権に圧力を加える可能性もある。何がきっかけになるかは、予言できない。

経済が悪化すると冒険主義に出る

より確実な思考方法として、経済的側面を見ておく必要がある。

中国が「3・0＝選択的攻撃」の戦略を取らざるを得ない理由の一つは、経済成長の鈍化である。現在の中国の経済成長率六％台という数字は、国際社会から見れば驚異的な数字だが、共産党政権や習近平の視点から見れば、非常に厳しいものである。

なぜなら、第一にこの成長率では、国内で毎年生み出される、膨大な人数の新卒の若者を吸収できるだけの仕事を創り出せないからだ。

彼らは大学を出ても、地獄のような環境で、都市郊外の難民村のような家賃の安い地区に固まって住み、無給のインターンとして働かされ、正規の職に就くことができない。

親たちは、子供が大学を卒業したのちに稼いでくるリターンを期待して、多額の教育資金を子供に注ぎ込んでいるが、当の子供たちはむしろ親の援助がなければ、生活が立ち行かないのである。

第二に、国営企業の縮小である。国営企業は赤字を出し続けて負債を上積みしており、すでにあちこちで行き詰まっている状態だ。

例えば遼寧省の瀋陽には、「ラストベルト」（さびついた工業地帯）と呼ぶにふさわしい古いタイプの重工業が集まっている。だが、国内で建設業の着工ペースが落ち込み、以前と比べて鉄鋼の需要が激減したため、地域の経済は縮小傾向にある。

中国産の鉄鋼が世界中にきわめて低価格で輸出されたことで、多くの国が反ダンピング関税をかけることになった。供給過多になり、ついに生産量を落とし始めたため、国営企業の労働者が解雇される事態となっている。

以前は国営企業に政府からカネを渡し、無駄な仕事を創ってでも雇用を増やしていたが、今の中国ではそれができなくなっている。

それが第三の厳しい理由につながる。負債の増大である。これまで地方政府は企業家に土地を与え、地方政府の信用をもとに銀行からカネを借りることで事業を回してきた。事業の効率性や収益性は度外視されてきたのだ。その結果、地方政府の負債が膨れ上がった。国際決済銀行（ＢＩＳ）によると、中国の企業債務（金融機関除く）の名目ＧＤＰ比率は、二〇一八年六月末に二五三％まで膨張した。中でも企業部門の債務比率が上昇しているが、企業債務の六八％を国有企業が占めており、実際には企業債務の三分の一が地方政府に流れている。地方政府の隠れ債務は公式発表の額（二〇一七年七月末で一七・二兆元）を大きく上回り、中央政府の債務と合計すると、六〇兆元前後（約一〇〇〇兆円）に達すると指摘されている。国内総生産（ＧＤＰ）比較では七割を超える。

中国はこれまで、日本やアメリカと比較して負債が少ない国だと考えられてきたのだが、実態は全く逆だったことになる。

以上のように、中国がこれまで行ってきた「中央政府や地方政府が国営企業にカネを渡し、無駄な仕事を創って雇用を増やす」というサイクルはもう回らなくなった。つまり、失業問題を解決する策を失った。こうなると、世界経済を牽引していると言われてきた中国経済はむしろお荷物であり、世界経済にとってリスクそのものだったことになる。

だからこそ習近平は現在、無用な対外問題を起こしたくないのである。経済問題を抑え込むことが最優先事項だからだ。

「歴史のターニングポイント」を迎える日

中国国内において、失業問題は政治問題に直結する。なぜなら、中国共産党は人民に向かって「政治的な自由は与えないが、急激な経済成長の果実を与えてやるから文句を言うな」と約束してきたからである。

共産党が「西側のような過ちだらけの選挙を行わずとも、能力の高いリーダーを輩出でき、それによって経済成長を実現できる」と言ってきたにもかかわらず、経済成長が止まれば国民は黙ってはいない。政治的自由がないうえに、経済の恩恵も受けられない環境を国民がおとなしく受け入れるわけがないからだ。

このような状況で、習近平が自ら望んで内憂外患を招く対外的な問題を起こしたいはずがない。だが、さらに事態が進んで「大きな異変」が起これば、このセオリーは一変する危険性が中国にはある。

通常の国家なら、仮に経済問題が深刻化すれば、対外政策の分野では極力問題を起こさないようにおとなしくするものだ。しかし中国の場合、経済問題の深刻度がのっぴきならない状態に陥《おちい》ると、通常の国家とは違った「異変」が生じる可能性が高まる。

経済面での国民の不満が膨れ上がって対処不能となった時、解決できない経済問題から国民の目を逸らすために、あえて対外的な冒険主義を実行し始める可能性がある。状況が悲観的になるほど、過激な対外政策に転換するスイッチを、習近平がある日突然、押す危険性が高まる。

こうした現象は、残念ながらこれまでの人類の歴史上、何度も頻繁《ひんぱん》に起きてきたことだ。国民の目を逸《そ》らすために、問題解決能力の欠如したリーダーがあえて冒険主義的行動に出て、戦争や紛争を利用するのである。通常であれば避けるトラブルを、むしろ火中に飛び込んで求める方向に行きかねない。

この瞬間を私は「異変」と呼んでいるが、これは「歴史のターニングポイント」ともいえるかもしれない。

われわれは、中国がこのターニングポイントを迎えないよう願うべきだ。現時点では、彼らの冒険主義を押し止《と》どめられる程度の経済減速に留まっているが、これがいつターニングポイントを迎えるかはわからない。

政治的に失敗したリーダーは対外戦争を開始する

共産主義体制下では、人民による「革命」が体制を変えることはほとんどない。その代わりに、トップが中央政治局常務委員会のほかのメンバーや長老たちから批判を受け、「失業者が続出して人民から不満が出ているが、どうするつもりだ」と突き上げられることになる。

習近平も現時点では独裁者ではなく、常務委員会のメンバーの一人に過ぎない。彼らがまとまれば、議決で習近平を追い出すことも可能だ。

彼らは習近平の統治能力に愛想を尽かすか、習近平をスケープゴートとして解雇することによって、その責任を習近平一人に押し付けるだろう。社会問題が多発すれば、党の総書記であっても解雇される。一九八九年に天安門事件が起きた時、趙紫陽《ちょうしよう》が失脚したのがその例である。

つまり、中国国内の経済・失業問題の深刻化は、新たにもう一人、習近平という名の失業者を生み出す可能性があるのだ。

自らのクビがかかった習近平は、対外政策を二の次にして経済最優先の姿勢を取らざるを得ない。ただし、問題解決に至らないとなれば、冒険主義のボタンを押すだろう。中国を注視する際には、この「ターニングポイント」の変化のサインを見逃さないようにすべきだ。

これまで述べてきたことをまとめると、われわれが注目しなければならないのは、中国の外交問題はすなわち内政問題であり、さらに言えば習近平自身の問題であるという点だ。

実際のところ、われわれには「中国」という相手はいない。ただ習近平という人物がいるだけであり、中国の動きは習近平が自身を中心に考えた結果、選択したものなのである。

習近平はよく毛沢東と比較される。たしかに権力を自分に集中させようとしており、終身国家主席として、独裁者の立場に近づいている。

本来、習近平の立場は複数の常務委員のうちの一人でしかない。胡錦濤《こきんとう》はその立場を守っていたが、習近平は二〇一八年三月に、自らの任期の撤廃でその構造を突き崩した。「first among equals」、つまり「対等でありながら第一」という位置づけから抜け出し、「独裁者」への道を歩き出したのだ。

もちろん、この選択は習近平自身にも危険を及ぼす可能性がある。彼の〝同志〟たちが集団で反発し、彼一人を失脚させる可能性もあるからだ。もし経済減速と失業率の増加が目立ってくれれば、他の常務委員たちは習近平をスケープゴートにして排除しようと画策するだろう。

その時、対抗する習近平は、自身を毛沢東のような存在にして権力を保持するため、軍の掌握《しょうあく》をさらに強める可能性がある。

その権力の集中度合を測るのに注目すべき点は、国務院総理（首相）である李克強を習近平がどのように扱うかだ。習近平への権力の集中は、李克強に対する処遇が一つのメルクマール（指標）になる。

毛沢東が軍部への影響力を強めるためにやったことを思い出してほしい。彼は常務委員のなかで有力な人間を育て、その人物が権力を握るやいなや、破滅に追い込んだ。有名な「林彪《りんぴょう》事件」がこれである。毛沢東は林彪を育て上げ、軍部の権力を握らせたあとで失脚させ、林彪がソ連に逃げようとしたところで、その飛行機を墜落させた。

これにより毛沢東は、「軍部を掌握しているのは自分であり、他の誰かが発言力を強めても、自分はすぐに追い落とすことができる」というメッセージを発信した。すなわち毛沢東は、人民解放軍が独自のリーダーを育てようとする芽を摘んだのである。

毛沢東の有名な言葉に「権力は銃口から生まれる」というのがある。権力を握るためには軍をコントロールする立場につく、つまり共産党トップの政治局常務委員になるだけでは不十分であり、人民解放軍からの積極的で強い支持を得なければならないのだ。

経済問題が深刻化して、自力で解決できないことが明らかになった段階で、中国は過激な対外政策に舵を切る「ターニングポイント」を迎える。それは同時に、習近平が軍の掌握に全神経を集中する時期でもある。経済失策を糊塗《こと》するため、人民解放軍へのグリップを強め、「俺を倒す前に国の外に倒すべき敵がいるだろう。それに備えろ」と檄《げき》を飛ばす。

政治的に失敗したリーダーが対外戦争を開始する例は、歴史上、いくらでもある。

習近平が手を出す戦争のギャンブル

つい最近も典型的な事例があった。トルコは二〇一五年六月に総選挙を行い、与党のAKP（公正発展党）が敗北して、二〇〇二年の政権獲得以来、初めて議会の過半数を下回った。するとAKP党首のエルドアンは、当時行っていたクルド勢力との和平交渉を破綻させて、クルド人との戦争を始めた。他党との連立も画策したが、結局は暫定《ざんてい》政権の状態のまま、戦争に突入したのである。

選挙での敗北という政治的失敗から国民の目を逸らすため、権力を濫用《らんよう》して戦争を開始した。それによって国民の支持を得たエルドアンは、同年十一月に再び選挙を行い、AKPは過半数を回復した。

エルドアンは政府内の汚職などによって支持を失い、選挙で敗北した。だが「ターニングポイント」で路線変更し、戦争に踏み切ったおかげで、再び選挙で盛り返すことに成功したのである。彼は権力を失うことよりも、戦争を始めることを選んだのだ。

中国に民主主義的選挙はないが、習近平がこうした選択に踏みきらないとは言えない。

もし経済失速を挽回できず、習近平への怨嗟《えんさ》の声が高まるようになれば、権力の喪失を懸念して戦争を開始する可能性がある。

戦争に失敗すれば当然、国民は習近平を許さないだろうが、アメリカに対する経済敗戦であっても同じように立場は苦しくなる。ならば戦争という大きなギャンブルに出るという可能性は決して低くない。

習近平への権力集中のメルクマールになる李克強については、すでに習近平が李克強を国務院総理から解任するのではないかという情報が飛び交っている。李克強は胡錦濤時代から常務委員として残っている唯一の存在で、それ以外の古い常務委員は習近平政権発足時に追い出した。

二〇一六年七月には胡錦濤の元側近だった令計劃《れいけいかく》が収賄罪、国家機密の違法取得、職権濫用などの罪で終身刑を言い渡された。李克強はこの判決をどう見ただろうか。

その李克強は、二〇一八年七月十五日、アジア欧州会議（ＡＳＥＭ）首脳会議（モンゴル・ウランバートル）で、九段線を否定した国際仲裁裁判所の裁定について、二〇〇二年に東南アジア諸国連合（ＡＳＥＡＮ）と中国の間で調印した「南シナ海行動宣言」に違反するとの従来の主張に基づき、「国際法の曲解と二重基準に反対する。地域で合意された規則を順守すべきだ」と激しく反発した。

さらには安倍晋三首相との首脳会談で、「(南シナ海問題について)日本は当事国ではない。言動を慎み、騒ぎ立てたり干渉したりするな」と要求。日本との東シナ海の問題についても、「双方が意思疎通を図り、誤解や判断ミスを防いでいくべきだ」と述べたと報じられている。

このような事態を前に、日本はどう行動すべきか。中国に対して建設的な役割を果たすよう促《うなが》すためには、「じっくり構える」ほかない。積極的に前に出ることなく、中国の挑発に乗らず、喧嘩腰にならないように、中国が果たすべき役割を説いていくしかない。

日本はこれまで防衛費に、GDP比で一%しか予算を割いていない。もしこの割合が高ければ「今後、この割合をどう続けていくか」が問題になるが、一%であればその継続性を心配する必要はない。

現在、世界の国防費は、歴史的に見てかなり低い水準にある。冷戦時代には一二%程度を割いていたアメリカも、現在は四%程度で推移している。軍事費の増大が著しい中国でも二・五%で、インドと同程度。フランス、イギリスも二%前後である。

日本の割合はその半分であり、周辺に脅威を持たないカナダと同程度である。その点で、日本には国防費の「伸び代《しろ》」があると言えるだろう。

尖閣諸島問題から北京の意図を読み取る

現在、日中間の懸案事項は尖閣諸島問題である。だが、先に述べた南シナ海での中国の行動と、尖閣で起きている中国軍や公船の攻撃的動作とは無関係である。

日本から見れば、中国海警の船が尖閣諸島沖を連日航行し、二〇一六年には航空自衛隊OBが明らかにしたように、尖閣周辺で中国軍機が攻撃的動作を取るなど、中国が攻勢を強めているかのような事態が続いた。

だが結論を言うと、いま中国が尖閣で事を起こす可能性は少ない。少なくとも二〇一六年時点での中国軍機の行動は北京の意志というよりも、中国軍の規律・統制システムの欠如によって発生した事態だろう。

少し前の話になるが、冷戦時代にソ連軍の軍人たちが何かアクションを起こせば、それはすなわちモスクワからの指示に従ったものだと理解できた。ソ連の軍人たちの規律は、それほどまでに高かった。

だが、現在の中国人民解放軍の軍人はそうではない。軍の指揮統制がなっておらず、「規律を守らない行動は処罰される」ことを教わっていない。むしろ、「ワイルドで危険な行動をしてもお咎《とが》めなし。それどころか、周囲から尊敬され、英雄になれる」と考えているようだ。

二〇〇一年の海南島事件では中国軍機が米軍機と接触・衝突し、挑発行動をとった中国側のパイロットは墜落して行方不明になった。これは軍の統制を無視した明らかな挑発行動であり、パイロットは政府の意図を外れて米国との関係を悪化させた「無能な軍人」であったにもかかわらず、中国政府は彼を英雄にしてしまった。

これが、他の中国軍機のパイロットたちに誤ったシグナルを送ることになった。今日もその影響が尾を引いていると考えるべきだ。

中国軍機の攻撃的な振る舞いが、北京の意思である可能性は低いと私が見る理由は、二〇一六年という時期に、中国政府が尖閣危機をあえてヒートアップさせる理由が見当たらないからだ。当時の日本側の報道に対しては北京も即座に否定する声明を発表したが、中国政府の「声」そのものである中国メディアは、尖閣についてほとんど何も報じていなかった。

横暴だと思われている中国であっても、周囲すべての国を敵に回すトラブルに直面したいと考えているわけではない。現状を考えても、尖閣だけではなく、中国はインドとの危機的衝突が起こらないように配慮しているように見える。

南シナ海の問題を抱えているいま、中国は他の地域の外国とのトラブルを極力抑える方向で動いている。こうした中国側の意図を読み誤るべきではない。

日本側の尖閣防衛に問題あり

それに対して、日本政府の尖閣対処計画には問題がある。日本政府は、中国の〝漁民〟が尖閣に上陸した場合には、警察部隊がヘリコプターで島に降りて彼らを逮捕し、移送して不法入国で裁判にかける、としている。

しかし、中国側は火炎信号弾を装着したピストルも携行しており、ヘリコプターの着陸を阻む実力行使に出るだろう。そこで日本が〝漁民〟に対して自衛隊を投入すれば、中国は日本が紛争を拡大したといって軍を出動させる可能性が高い。尖閣で、自衛隊が先に発砲するような事態になれば、中国は「日本が紛争を拡大させた」といって非難してくる。

非常にまずい状況になる。

いずれにせよ、日中が尖閣で衝突した場合に、日本はすぐにアメリカの援《たす》けを求めるべきではない。アメリカ国民から「日本は弱い国だ」とみられて、日米同盟にヒビが入ることになるだろう。

ではどうすべきなのか。日本政府は尖閣に、海洋環境の保全を目的とする研究所を設立・建設して、所員を派遣し、同時に彼らの保護のために部隊を常駐させるべきだ。そうすることで、日本は尖閣を実効支配していて、守り抜く決意であると意志表明することになる。無人島にしているからこそ、中国を誘いこみ、日中が衝突する危険性が高くなっているのだから、一刻も早く有人島にする必要がある。

中国の覇権を前に日本が直面する三つの問題

さらに大きな視点で見た場合にも、日本はいま三つの課題に直面している。

まず一つ目の課題は、受動的なアメリカの同盟国でいる、という選択肢はもはや存在せず、積極的に役割を果たしていかなければならないことだ。

そのためには、新しい取り組みが必要になる。一つにはＯＤＡ（政府開発援助）の枠を広げ、単に現地政府に送金するだけではなく、いわゆる能力構築（キャパシティー・ビルディング）を可能にすることだ。

日本が空母を造るべきかどうかよりも重要なポイントは、そこにある。具体的に言えば、私は日本政府が陸上自衛隊の施設科の道路建設能力を二倍、いや三倍に増やすことが大事だと思う。

そして、このＯＤＡの枠組みで「アジア横断道」の建設プロジェクトを支援し、ベトナムのハイフォンからラオス、ラオスからミャンマー、バングラデシュを通って、インドのコルカタへとつなげる。これは地元経済のためになるインフラ建設への貢献であり、政治的に誰も文句は言えないものである。現地の交通運搬能力を上げるだけでなく、いざ中国が海上封鎖をした時の備えにもなる。

これはアメリカには政治的にも不可能な任務であり、各国と関係が良好な日本にしかできないことだ。平和的な貢献を通じて、これらの地域に日本の影響力を広めることができる。

二つ目の課題は、ＯＤＡの枠を広げて外国に譲渡する、自衛隊や海上保安庁の装備や機材に関する話だ。日本はこれまでもフィリピンやベトナムに、中古の航空機や船舶を渡しているが、それらは日本人がメンテナンスする前提で製造されたものであるため、渡した後にすぐ、壊れてしまう。

よって日本は「同盟国用」の機材を製造するべきだ。例えばアメリカは「輸出用」の戦闘機を造っており、F－5は世界五十カ国に売っている。中古のシンプルなF－16も用意してある。

日本も哨戒機などを渡すべきだ。ただし、潜水艦を見つけるための高度な装置がついたものではなく、ベトナムの現地でほとんどメンテナンスをしなくても、毎日南シナ海をパトロールするために飛ばして、上空から船を見つけることができるだけの、シンプルな性能のターボプロップ機でいい。

参考になるのが冷戦初期のイギリスだ。彼らはアメリカの持つ力を増強しようとするのではなく、アメリカとまったく違う「補完的」なことを行った。例えば対ソ防衛のためにノルウェー海軍の海兵隊部隊の創設を支援した。

トランプ大統領はいろいろと批判されているが、彼はこうしたことを就任当初から理解できている。つまり、メルケル首相やマクロン大統領に対しては失礼なことをしても、安倍首相が同盟に不可欠な存在であることはよくわかっていた。

問題は日本の高性能すぎる兵器にある。例えば世界最高水準の救難飛行艇、US－2をインドや東南アジア各国に輸出したとしても、メンテナンスが大変なために格納庫や波止場に係留されて終わる。高度な整備技術を必要とするために、かえって使われなくなってしまうのである。

彼らにはUS－2は必要ないが、支援や供与を受けるべき何かは必要なのであり、日本はそれを考えなければならない。

三つ目の課題は、台湾だ。NATOにはルクセンブルクのような小さすぎる国があり、イタリアのように戦うつもりのない国もあり、そして核兵器を嫌うデンマークのような国もあるわけだが、それと似たようなケースがこの台湾だ。

台湾は二千三百万人ほどの島国であり、アメリカも日本も助けたいと考えている存在だ。アメリカは一九七九年、米中国交回復と同時に、今後もワシントンの政権が台湾を守り続けることを義務づけた台湾関係法を成立させた。台湾が中国から攻撃を受けた場合、アメリカ大統領が台湾を守ろうとしなかったら、議会が台湾関係法によって台湾を守ることを要求するだろう。日本との安保条約よりも、台湾のほうがしっかり守られていることは間違いない。ところが実際に彼らを守るのは、彼らからの協力なしでは極めて難しい。まず、台湾の軍は、そもそも実践的な軍事態勢をとることを拒《こば》んでいる。彼らが欲しいのは大国の軍隊なのだ。そのため最新式の戦闘機や大きな艦船など、まったく使えないゴミばかり欲しがっている。

戦闘機に関していえば、台湾で敵のミサイルや爆撃の攻撃に耐えて、機能を維持できる「抗堪力《こうたんりょく》」を持つ戦闘機の格納庫は、たった一カ所だけしかない。格納庫がなければ、現代の戦闘機の戦力はゼロになる。私が言っているのは本物の格納庫であって、第二次大戦時のようなものではない。現代の抗堪性を持つ格納庫とは、地下にあって戦闘機を必要に応じて出し入れできるものだ。

台湾は、防衛のため本来すべきことをほとんど行っていない。予算はほぼすべて、無駄なことに使っている。二千三百万人の人口を持つ島国が、本気で自国を侵攻不可能な土地にしようと思ったら、海上封鎖に対抗できる航空輸送能力を獲得するはずだ。しかし、台湾の軍は「有益なこと」の実践を頑《かたく》なに拒んでいる。「有益なこと」は何かと言えば、男女平等の徴兵制であり、無駄に豪華な行進の練習はしないことだ。台湾の若者は徴兵を心から嫌っており、その期間を完全に無益な時間だと見ている。これでは防衛できない。

台湾がいまやらなければならないのは、まず、対艦ミサイルの製造だ。しかも十年間かけて完璧なものを目指す軍事計画ではなく、短期と中期でとりあえずできたものを国中の沿岸に配備して、北京側が船で近づくのを困難にさせる現実的対策である。

対空ミサイルも、小さな携帯可能なものから赤外線、レーダー式のものまで様々な装備を獲得し、台湾への攻撃を難しくしなければならない。

ところが台湾の軍人は、最新鋭のものだけが重要で、こうした多彩な装備は時代遅れだという態度をとる。「真剣さ」が足りないのだ。フィンランドは人口がわずか五百五十万人しかいないが、彼らは「真剣」だ。ロシアと非常に長い陸上の国境線を接しているがゆえに、ロシア軍を打ち負かすことができるという点において、フィンランド軍は一〇〇%の自信を持っている。

ロシアはフィンランドに戦車部隊で簡単に侵攻できる。ところが、ロシア軍が戦車のエンジンを切った瞬間に、フィンランド軍は銃とナイフを持って襲ってくる。彼らの守りは最新鋭のミサイルや戦闘機などに頼るものではない。徴兵制を敷いていて訓練が行き届いており、男子は十八歳になったら軍に入り、敵の殺し方を学ぶ。台湾の人々もこのような真剣さを学ぶべきだ。

台湾防衛で日本ができること

台湾の防衛について一言述べておきたい。

もし日本が単なるアメリカの同盟のフォロワーからパートナー、もしくは反中多元同盟のリーダーとして進化していきたいと考えるのであれば、中国の台湾侵攻を抑止《よくし》するというのも、取るべき手段の一つとして考慮しても良い。

これは日本の国際的な立場や、自ら設けた憲法や政府の原則などの制限を逸脱《いつだつ》しないようなものが望ましいことは言うまでもない。

そこで私から提案できるものとして、ある歴史的な例を詳細に研究することによって得られる手段の実行を挙《あ》げたい。

この優れた例が、スウェーデンがフィンランドに対して行なっていた政策だ。

冷戦は実に長期間にわたって続いたわけだが、スウェーデンはこの期間に一貫して、フィンランドの防衛力に自信をつけさせるようなアクションをとっていた。

しかもこれは完全に秘密が守られており、したがってスウェーデンの国際的な立場にも影響を与えなかったのだ。

具体的な話として、まずフィンランドには歩兵部隊の数が多かった。しかもその質は高い。ところが問題は、その対戦車能力が低かった点だ。

そこでスウェーデンは、対戦車兵器を自国に必要な数以上に余分に購入し、いざソ連がフィンランドに侵攻してきた時に備えて、すぐにフィンランドに渡せるようにしたのである。

スウェーデンはこの大量の対戦車兵器を国内に秘密裏に格納しておいた。

フィンランドもこのスウェーデン側の狙いを直接聞いて知っており、同じくそれを秘密にしておいたのだ。

フィンランド側はいざとなったらスウェーデンから武器が供給されることを知っていたので、それを含めた想定による効果的な計画を練れたため、軍事的な面での自信をつけることになった。

日本の例で考えてみよう。

日本の防衛産業は優秀なので、小型の持ち運び可能な対空兵器や対艦ミサイルを製造できるはずだ。

これを大量に製造して、輸送機に積むのだ。たった一機分の量でもいい。人民解放軍にとっては充分な脅威となりうる。

日本のような工業力のある国であれば、これを数機分用意することはたやすいだろう。

これを準備したところで、日本の国際的な立場をなんら損《そこ》ねることはないし、そもそも秘密にしておけばいいだけの話だ。

つまりこれは隠密の行動なのであり、この準備そのものは秘密にしておくほどのものでもない。必要な兵器を調達するだけであり、しかもそれをいつもより余計に買って、しまっておくだけの話だ。

そしていざ必要な時が来たら、飛行機に載せて台湾へ運ぶだけだ。

これらの兵器は、トライアルや余計な訓練を必要としないものだ。持ち運び可能な対戦車兵器と同じで、兵士に渡したら三十分で使えるようになるものだ。

このような持ち運び可能なものの対空版（スティンガーが有名だ）や、対艦版を大量に造るのだ。

これによって日本は低コストで、国際的な立場を損ねることなく台湾の防衛力を向上させることができるのであり、突然の中国の侵攻も防げる。

日本の戦略的な利益にとって、台湾が北京の共産党政権に占領されてしまうような状況はなんとしても避けなければならない。

そしてこの方式で準備すれば、政府の手続き変更だけで済むし、外交的な悪影響も出ないのだ。

イージス・アショア「十年計画」の非現実性

最後に日本の防衛について、一つ注意しておきたいことがある。

私は今回の米中対立が、軍事的な「戦争」という形には至らずに終わると言ったが、それでも、日本の備えが完全に非現実的な方向に向かうのが我慢ならない。例えば、イージス・アショア（地上イージス）計画だ。

北朝鮮については次章で詳述するが、北朝鮮は現在、すでに日本に届くミサイルを複数保有している。もちろん数は多くはないが、核弾頭もある。まもなくその核弾頭を小型化してミサイルに搭載できるようになり、核ミサイルを実戦配備するかもしれない。

日本には北のミサイルの脅威から自国を守る権利がある。そして日本政府は、北の核の脅威から国民を守るために、複数のミサイル防衛システムを調達することができる。そのうちの一つが、日本がすでに運用しているイージスシステムだ。本来のイージス・アショアのシステム獲得方法を比喩《ひゆ》的にいえば、海上自衛隊のイージス艦にドライバーを持って出かけ、ネジを外して陸上に持って行き設置する、というものだ。

ところが防衛省は、十年かけて最新式のレーダーシステムを搭載した、イージス艦に導入されているものとは別のイージスシステムを導入するという。これは科学の進歩という側面では意味のあることかもしれないが、日本人を守るという点ではまったくナンセンスだ。

冷戦時代の日本は、たしかにアメリカに守られた子供のような立場であった。それで生まれた余裕を、日本の防衛産業は国内の細かい注文に応えることや、最先端の科学研究へと振り向けてしまい、例えばイスラエルが対戦車ミサイルを百機購入している間に、ようやく一台の高性能戦車を製造する、という有り様になってしまった。

日本がミサイル防衛システムに本気で取り組むのであれば、いまあるイージス艦のシステムを外して陸上に設置すればいいだけだ。脅威が迫っているのに、十年計画で開発するのは論外と言える。それは科学の進歩の話であり、国防の話ではない。

しかも、開発しているテクノロジーが完成した時に、それが本当の意味で最新式となり、日本の置かれた現状に適合した装備になる確率はゼロである。ＩＴ技術やレーダーの技術の進歩は極めて速いからだ。

十年計画は「リアリズム」の完全な欠如だ。現実を完全に忘れている。第五世代のコンピュータの開発の話だったら悪くない。だが、国防というのはエンジニアが発明に取り組むような科学技術の開発ではない。実戦の役に立つために、ごく短期で成果が求められる世界なのに、長期計画を立てるのは意味不明で、完全に間違っている。

ついでにもう一点。日本にはまだ他にもできることがある。それは艦船に飛行機を積む空母のようなプラットフォームの廃止だ。日本には空母など必要ない。南シナ海では潜水艦があれば十分だ。

空母の代わりに必要なのは、中古のボーイング７４７－４００（超大型ハイテクジャンボ機）の内部を改装して、空対艦ミサイルや空対地ミサイルを五十発積むこと、つまりミサイル航空機にしてしまうことだ。

日本に求められているのは、アメリカが保有していない戦力を補完することである。ヘリ空母のような機能はすでにアメリカが持っている。

「風林火山」の心構えで中国に対抗せよ

われわれは中国との戦いに勝たねばならない。「勝とう」とか「試してみよう」ではなくて、確実に勝てる状態を確保するのだ。うまくやらなければ戦いは長期化するし、日本もニュージーランドもフィリピンも、中国の植民地になってしまうのである。そうしたことをいま、日本人は真剣に考えるべきなのだ。

中国に対する対応は、常に「反応的」（リアクティブ）でなければならない。この十五年の間に、中国は「1・0」から「3・0」へと三度も国家の方針を変え、大国でありながら小国のように不安定であった。中国の進む方向は常に不確実で、予測不可能である。だからこそ日本政府は、中国がことを起こすまでは慎重に、忍耐強く、「受動的な封じ込め政策」を行うべきである。

その一方で、仮に尖閣などに中国が上陸した際には、即座に自動的に発動可能な対応策をあらかじめ用意しておく必要がある。ことが起きてからアメリカに相談したり、対応を検討したりしていれば大きな失敗につながるだろう。

日本の有名な戦国武将である武田信玄は、孫子の兵法の「風林火山」を重んじた。日本は平時において「動かざること山の如《ごと》し」という姿勢を取るべきだ。そしてひとたび中国が有事を起こした際には、「疾《はや》きこと風の如く」の迅速な対応が求められる。

第三章

変化する北朝鮮と、その脅威

北朝鮮の核・ミサイルと「コリア・ジレンマ」

日本にとって、もうひとつの課題がある。それは北朝鮮の核・ミサイルであり、朝鮮半島をめぐる「コリア・ジレンマ」だ。韓国は、日米やインドが進めている「自由で開かれたインド太平洋戦略」の反中同盟には参加せず、中国側につくことは確実だ。もし近い将来、朝鮮半島の非核化が進んで南北統一が実現したら、中国の影響力は半島全域に及ぶことになる。他方で、彼らが非核化を諦めない限り、アメリカも中国も南北統一を認めることはない。

逆に言えば、南北統一か非核化か、そのどちらかを、日米のわれわれは必ず諦《あきら》めなければならない、ということを意味する。

北朝鮮は九〇年代から核開発とミサイル実験を繰り返してきた。北朝鮮のトップが金正日から金正恩に代わってからもそれは続き、二〇一六年にも二度の核実験と三十五回もの〝飛翔体〟を飛ばし、二〇一七年にも二月から十一月にかけて十六回、二〇一九年は米韓共同軍事演習実施に反発した七月から十月までに十二回のミサイル実験を行っている。

この間、トランプが金正恩を「ロケットマン」と呼んで、「俺の方がでかくて強いミサイルを持っている」「北朝鮮を完全に破壊する」と言えば、北朝鮮側が「悪の帝国を必ず火で制す」「米国は悲劇的な終末を迎える」と応じるなど、両国は舌戦を繰り広げた。

こうした両国間の緊張の高まりから、二〇一七年末ごろ、日本では「米国が北朝鮮に先制攻撃を行うのではないか」という憶測《おくそく》が流れた。「アメリカの空母打撃群が朝鮮半島周辺に集まっている。これは先制攻撃の準備に違いない」などと言われた。

だが私はそうした問い合わせに、「それはあり得ない」と指摘した。空母の展開に重大な軍事的意味はないし、アメリカは動かない。米軍はリスクを取ることに消極的で、北朝鮮の脅威を除去する具体的な軍事オプションを持っていない。北から攻撃があればもちろん反撃するが、それだけである。

当時、アメリカは「北朝鮮に対するすべてのオプションがテーブルの上にある」とアナウンスしていた。それを日本のメディアなどは「アメリカは先制攻撃も辞さず、その検討に入った」と解釈していたようだ。確かにアメリカはこの時、中国に対して「北朝鮮が核開発を行うのであれば軍事行動も辞さない」との意思表示をした。だが、最終的にアメリカが「こちらからは何もしない」という選択肢を選ぶことは明らかだった。

非核化か、体制崩壊か

そこに至るまでの経緯を振り返っておこう。

二〇一七年五月十四日、北朝鮮が再度、新型中距離弾道ミサイル「火星12」の発射実験を行った。二〇一七年に入ってからの数カ月、アメリカは北朝鮮の核実験に対して圧力をかけてきたが、この時のトランプ大統領の対応は、これまでと大きく異なっていた。

まずわれわれが認識しておかなければならないのは、これに先立つ四月七日、習近平がフロリダのマール・ア・ラーゴ（トランプ大統領の別荘）を訪れた際に、トランプがこう告げたことだ。

「六カ国協議はまったく意味がなかった」

なぜ六カ国協議が無意味なものだったかと言えば、協議後も北朝鮮はそのまま核開発を続けたからだ。

続けて、トランプは習近平に対してこう言っている。「北朝鮮問題について、われわれはあのような無意味な協議を再び行うつもりはない。もし北が核実験を行い、しかもその後に中国がまだ北とビジネスを行うというのであれば、われわれは中国からの輸入に対して制裁を行う用意がある。中国との関係も見直す」

習近平はこの提案を受け入れざるを得なかった。「ビジネスの相手として、北朝鮮を選ぶのか、それともアメリカを選ぶのか」とトランプが二者択一を迫ったことで、中国に選択を預けたようでいて、実際には、中国は選択肢のない状況に追い込まれたわけだ。

習近平は会談から四十八時間以内に、北朝鮮に圧力をかけるメッセージを送った。「また核実験を行えば、アメリカが介入してくる」と、北に告げたのだろう。なぜなら、会談の直後から北朝鮮の行動に二つの変化が見られたからだ。

一つ目は、北朝鮮の核施設の屋上で、その施設で働く労働者たちがバレーボールを始めたことだ。彼らはこうすることによって、「核実験をすぐ行うわけではない」というメッセージをアメリカ側に送った。

二つ目は、北朝鮮の国営報道機関が「北京はアメリカに対して叩頭《こうとう》している」と中国非難を始めたことだ。

同時に、トランプ大統領は北朝鮮に対して「われわれが求めているのは非核化だ。政権転覆は狙っていない。条件が合えば金正恩をワシントンに招待してもいい」というシグナルを発し始めた。つまりトランプは、金正恩体制と核問題を切り離したことになる。

ここで中国は、アメリカと同様、北朝鮮に対して圧力をかけ、北の非核化に向けて動いたように見える。確かに北朝鮮は五月十四日に再びミサイル実験を行ったが、新たな核実験は実行しなかった。「もし核実験を行えば、アメリカは確実に軍事介入する」とのトランプのメッセージが、金正恩に届いたのだろう。

北朝鮮は、非核化か核武装か、いずれを選ぶのかという選択を迫られた。仮に北朝鮮が核武装の道を選べば、アメリカが間違いなく軍事介入してくることを北朝鮮は覚悟しただろう。

それまで中国は、北朝鮮の核開発を本気で抑えようとはしてこなかった。アメリカが中国に何度促《うなが》しても、国連安保理の北朝鮮に対する経済制裁決議を本気では履行しない状態が続いていた。

だが、トランプはこの状況を一変させた。トランプは習近平に対し、経済における選択だけでなく、北朝鮮への対応と南シナ海問題との取引を持ちかけたのだ。北朝鮮の非核化が米中の間の最優先課題となったことで、トランプは中国に対して圧力を加え始めていた、南シナ海問題での米中衝突を先送りした。

もし中国がこの問題から逃げるようなそぶりを見せたら、トランプは中国を外して北朝鮮との二国間協議を行い、さらに南シナ海での「航行の自由作戦」を再開しただろう。そしてアメリカは、北朝鮮に対する単独作戦の再検討を始めることになる。

だが中国が北朝鮮を抑え、非核化に向けた努力をしている間は、南シナ海問題での中国への圧力を抑えることになる。

世界が驚いた米朝首脳会談

二〇一八年六月、トランプは金正恩との、史上初の電撃的米朝首脳会談に踏み切った。この会談の実現は世界中を驚かせたが、二〇一九年になってからも二人は二月にベトナムで会い、六月には日本でのG20の帰り道に朝鮮半島に寄り、これも史上初めて、板門店にある南北間の軍事境界線を金正恩とともに越えて見せ、再び世界を驚かせた。

トランプ大統領は、まさに見た目どおりの人間だ。クリエイティブだが、ルールや順序を守る気はさらさらない。しかし彼はダイナミックで、才能に溢《あふ》れた人物であることも、間違いない。

以下に解説していくが、私は、北朝鮮のミサイル発射というのは基本的にとるに足らない問題だ、と見ている。金正恩はやらなければいけない最低限のことをやったまでだ。恐らくトランプもそうなのだろう。これは金正恩とトランプの間の合意の範囲内の、想定された行動だ。

金正恩から発せられているメッセージは、「ミスター・ドナルド、国内向けにやらなくてはならない恒例行事なので、ちょっと騒ぎを起こしますよ」というものでしかない。

米朝交渉の本格化は二〇二〇年まで持ち越されるだろう。

再度の会談で、中身のある合意を成功させて、トランプはノーベル平和賞を受賞することになるかもしれない。いや、もし成功すれば、メダルを二つもらっても良いかもしれない。なぜなら、オバマ大統領は何もしていないのにノーベル平和賞を受賞したからだ。

二〇二〇年は大統領選挙の年だ。そうなると、トランプ大統領にとって、長いハグと熱烈なキスのあとに平和条約を結ぶための盛大で美しい式典を、「世界で最もセクシーな男」と祭り上げられている金正恩と行う計画は、決して悪いアイデアではない。

つまりトランプにとって、いまの時点で平和条約を北朝鮮と結んでしまうのは得策ではないのだ。すぐに結んでしまえば、ワシントンポスト紙などが「北朝鮮を非核化しただけでは足りない、ロシアも中国も非核化せよ」と書くからだ。マデレーン・オルブライト元国務長官あたりがテレビで老けた顔を見せつつ、「ロシアも中国も非核化してしまいなさい」と上から目線で言うはずだ。

もし大統領選挙が近くなってきた時に平和条約を締結できたら、ノルウェー政府はノーベル平和賞を準備しなければならなくなる。よって、二〇二〇年に金正恩と仲良く抱擁し合ってキスをすることが、トランプにとって得策となる。

核ミサイルからは誰も守ってくれない

では日本は、事態をどう見ればよいのか。

最も重要な点は、北朝鮮の核ミサイルに対しては、対中国とは違い、日本は自力で対処しなければならない、という点だ。

「アメリカの核の傘が日本を守るはずではないのか」と驚かれるだろうか。だが、対北朝鮮に関して言えば、日本は、中国はもちろんアメリカも、韓国も頼ることはできない。これが現実だ。自ら動くより他ないのである。

その理由は、北朝鮮のミサイルに対して、一九四五年以降の「戦後日本システム」が有効ではないからである。北が核を持った以上、アメリカは日本が単独で攻撃された場合、日本のために反撃することはない。

日本はこれまで、政府も国会も国民も、アメリカの占領下で制定した憲法に心理的に縛られ、自国民が北朝鮮という狂気の国からの脅威にさらされているにもかかわらず、「それでも先制攻撃はしてはならない」と制約を課してきた。

だが、自国民が脅威にさらされている時、その直接の危険を除去するために先制攻撃を行う権利はあらゆる国家が保持しており、日本政府がそうした意志を持つことには大きな意味がある。

もし私が日本の漁民で、北のミサイルが落ちてくる危険のある海域で早朝に操業していたら、東京の政府の、首相か防衛大臣か、誰かが指示を出して自分を守ってくれるのを望むはずだ。日本の老若男女の誰もが、自分たちの残りの人生を、北朝鮮と金正恩の核の脅しに晒《さら》されたまま、生き続けなければいけない事態は避けたいと考えるだろう。国家は国民のその願いにこたえなければならない。この点については序章でも触れた。

フィンランドは隣国のロシアよりもはるかに小さな国だが、ロシアに対して厳しい防衛態勢を取っていて、ロシア軍機がフィンランドの防空識別圏を侵そうとすると、ただちに迎撃戦闘機を差し向けて追い返す。

あるいはシンガポールは、隣国インドネシアやマレーシアが大国でも、それに勝てるだけの軍隊を持っている。シンガポール市民は政府に納めた税金の見返りとして、外敵から守られているという安心感を得ているのだ。

日本も同じである。選挙で誰が政権をとろうと、日本国民の平和と安全を守る義務がある。にもかかわらず、その国民の安全を、金正恩の裁量に委《ゆだ》ねているようでは、政府としての責任を果たしているとは言えない。

金正恩はいつでも、任意のある日、自由に決断を下して「大阪をミサイル攻撃するぞ」と、日本人を脅しにかかることができる。そのとき、日本がいくらアメリカに泣きついても無駄なのだ。大阪が攻撃されようとしている、北を攻撃してくれと頼んでも、北が核兵器を持っている以上、アメリカは何もしない。「核の傘があるのだから、やってくれるだろう」などとアメリカに期待するのが間違っているのだ。

日本はそうならないように、できるだけ早く行動する必要がある。

日本は先制攻撃できる体制を整えるべきだった

第一章の冒頭で触れた通り、今や日本は、「核を持った北朝鮮が分断国家の状態を維持すること」を望むしかなくなったが、核開発途中の二〇一八年末までは日本は北朝鮮に対し、「降伏、先制、抑止、防衛」という四つの選択肢の、いずれかを選ぶことができた。それに加えて「外交」という手段もあるが、これは二〇一八年にトランプ大統領が劇的に状況を変えたことで再浮上した選択肢だ。

過去に日本はこの「外交《ディプロマシー》」で北朝鮮とわたり合っている。二〇〇二年と二〇〇四年、当時の小泉純一郎首相は北朝鮮を訪問し、金正日に拉致を認めさせ、拉致被害者数名の帰国に成功した。これこそ一国の指導者がとるべき行動で、国連にも米国にも頼らない日本独自のイニシアチブだった。

現在においても日本は積極的に外交に出るべきであり、現に安倍首相は前提条件なしで金正恩と話し合う用意があると表明している。日本の交渉の核心は、金王朝に継続の保証を与えるのと引き換えに、北朝鮮のミサイルの射程制限を認めさせることだ。

「外交」手段で北朝鮮の核とミサイルの脅威を排除できれば、北朝鮮の脅威は韓国にだけ向けられることになる。あとは韓国が自らの責任で、この脅威に相対するべき状況に置かれることになるだろう。

後学のためにも、日本が取り得た四つの選択肢について検討しておこう。まずは「防衛《ディフェンス》」だ。防衛と言っても、日本は北朝鮮と国境を接していないので、メインは「弾道ミサイル防衛」になる。

日本がその気になれば、北朝鮮のミサイル開発よりも速いスピードで、ミサイル防衛システムを改善することは可能だ。なぜなら、北朝鮮の経済は名古屋市の十分の一にも満たない規模であり、日本は北朝鮮に比べて経済的にも人材的にも余裕があるため、本気になりさえすれば開発のスピードを上げることができる。そして、イスラエルにできたように、ミサイル防衛網を多重にして守りを固めていく。これが「防衛」という選択肢だ。

続いて、「先制《プリエンプション》」というオプションを検討してみよう。北朝鮮の核施設の数自体はそれほど多いわけではないので、それらをすべて同時に攻撃することも不可能ではない。これはアメリカがイラクとシリアの施設を同時に破壊することよりも、もしかしたら簡単かもしれない。

ところが、アメリカには、こうした攻撃を行うことが決してできない。アメリカは自国の損害を最小限にするために、最初に敵の防空システムや、航空基地を潰すことを考えるからだ。米軍はアフガニスタンに対して攻撃する際にも、自国のパイロットを守るために、まず敵の防空網や空軍を網羅的に破壊した。

これを北朝鮮にあてはめた場合、アメリカは二千発規模のミサイルを必要とするが、こうなると作戦規模が大きくなるため、必然的にタイムラグが生じて反撃の猶予《ゆうよ》を与え、北朝鮮がソウルを砲撃するチャンスが生まれてしまう。

もし日本が国土と国民を守るために「先制」を行う場合、日本は先制攻撃能力、つまり有人機と無人機、さらには巡航ミサイルだけでなく弾道ミサイルをも獲得する必要が出てくる。

本当に国民にとって切迫した状況にならない限り、日本はこのようなことを実行しないだろうが、国家存亡の危機となれば、さすがに日本も北朝鮮を先制攻撃する態勢を整えるかもしれない。ただしその際、報復的に北朝鮮から攻撃される韓国の損害について、日本が頭を悩ませる必要はない。

日本が先制攻撃も辞さない状況とは、あくまでも「そうしなければ国土・国民を守れない切迫した危急の状況」だけだ。そうした場合に北朝鮮が隙《すき》をついて韓国を攻撃するとしても、それは韓国自身が対処すべき問題であって、日本の問題ではない。

切迫した事態に至った場合、日本にとって重要なのは自国民の安全であって、ソウルの安全ではないことを知っておくべきだろう。

また日本人は、「そんなことをすれば他国から非難されるかもしれない」と考える可能性も高い。だが心配には及ばない。中国政府はアメリカに対して、次のようにはっきりと宣言している。「米軍が北朝鮮の施設を爆撃しても、われわれは何もしない。しかし、米兵が鴨緑江を渡って一センチでも入ってきたら容赦しない。必ず反撃する」

こう述べている以上、中国は日本がこうした標的《ターゲット》を爆撃しても何も言わないだろう。むしろ、日本が先制攻撃の準備をしていたら、アメリカも追随して攻撃を決断するかもしれない。日本がしっかり意思を示すことは、同盟国にとっても非常に重要なのである。

ところが日本は、「まあ大丈夫だろう《イット・ウィル・ビー・オールライト》」と考えて何もしないという、最悪の選択をしてしまった。

もし日本が対北朝鮮戦略として、空対地ミサイルをイギリスやフランス、ドイツやイスラエルやアメリカから購入すれば、その時点でペンタゴンは、「日本政府は本気だ」と理解したはずだ。「彼らが本気なら、われわれも真剣に考えないといけない」と。しかし現段階では、北朝鮮はアメリカに対し直接の脅威ではないため、アメリカは動かない。では、アメリカの核の傘に守られている日本や韓国はどうなるのかと思うかもしれないが、アメリカは日本や韓国の安全保障政策の本気度を疑っているからこそ、動かなかったのだ。

確かに日本は、北朝鮮のミサイルの脅威に対処すべく、イージス・アショアの導入を決めている。だが前章でも述べた通り、開発から配備までに十年以上かかる、非現実的な導入計画は全く意味をなさない。このような計画は、つまるところ「まあ大丈夫だろう《イット・ウィル・ビー・オールライト》」と日本政府が考えている本音を露呈してしまっている。

何もしない韓国

この病には、日本のみならず韓国も罹患《りかん》している。

韓国は北朝鮮への対応に話が及ぶと、「自分たちが北朝鮮の攻撃に対して、いかに脆弱《ぜいじゃく》か」ばかりを主張する。下手につついて北朝鮮が暴発すれば、自分たちが真っ先に砲撃の矢面に立たされるというわけだ。

たしかに、韓国の首都・ソウルは北朝鮮との国境にあまりにも近く、朝鮮戦争以後ずっと脆弱《ぜいじゃく》だった。ところが韓国政府はこの問題に対して、首都を移す、あるいは政府機能を部分的にも移転させるなどの措置をまったく取ってこなかった。

もし本気で「首都が脆弱だ」「何とかしなければ」と思うのであれば、彼らは北の攻撃に対してシェルターをつくるなど、しなければならないことがあるはずだ。ところが、ソウル有事の際に市民が逃げ込めるのは地下鉄くらいであり、それ以外の備えはほとんどない。

脆弱だと言いながら何もしない韓国は、「国防を真剣に考えていない」「市民防衛すら怠《おこた》っている」と断ずる他ない。

私の個人的な体験をここで語らせていただきたい。私は一九七九年にアメリカ国防総省のコンサルタント、つまり軍事アドバイザーとして、韓国に派遣されたことがある。ジミー・カーター大統領が、米軍の二個師団のうちの一個師団を撤退させるかどうかを検討するためだった。七五年には南ベトナムのサイゴンが陥落《かんらく》し、アメリカはベトナムから撤退。北ベトナムの戦車がサイゴンに入城するなど、ベトナムは共産党政権の下に置かれ、朝鮮半島においても共産政権の北朝鮮が韓国にいつ侵攻するかわからない、という危機的状況だった。

結局、カーターは一個師団を撤退させたのだが、そのような状況下で米軍が撤退することに、韓国側はいきり立った。そこで、当時の韓国の朴正熙《パクチョンヒ》大統領に協力して、韓国が自力で国防を担えるように手助けするため、アメリカから韓国へアドバイザーチームが派遣された。私もその一員だったのだ。

私は韓国に到着してすぐに、米軍と韓国軍の共同作戦計画を検証した。そして約三カ月を費やし、朴大統領や韓国軍のトップ、大臣、安全保障担当者らと一緒に働いた。これらの経緯は、一九八〇年に公表された『韓国の防衛 The Defense of Korea』という報告書にすべてがまとめられている。

私の主な仕事は、韓国軍の国防作戦における軍事的能力を高めることだった。私たちは韓国側に七十二項目におよぶ提案を行い、私自身、長時間かけて、自分の足でＤＭＺ（非武装地帯）を実際に歩き、軍人たちと一つひとつのチェックポイントを調べた。

私たちが行った提案のうち、特に大きいものは三点あった。

第一に、大韓民国政府はすべての省庁をソウル首都圏から南へ移転させること。これは北朝鮮のロケット攻撃の効力を消すためだ。

第二に、企業に対してソウルに留まるなら追加課税し、税制のインセンティブ（動機付け）で韓国の中央部や南部、例えば光州《クァンジュ》に移転させるように仕向けること。

第三に、北朝鮮の直接の脅威は多数の戦車による侵攻であるため、北の戦車部隊がソウルに進撃してくる三つの主要ルートに、韓国軍が中古のM－47パットン戦車を西ドイツから大量に輸入して集中配備すること。

当時、西ドイツ国防軍は新型戦車を開発したことで、冷戦対立の中でアメリカから供与された一千五百台ものパットン戦車を放出していた。西ドイツ軍は無償で提供し、アメリカの資金で韓国までの運賃をカバーする予定だった。新しい砲身までつけてやり、韓国は一台あたりわずか五万ドルの経費だけで、半年間で一千台超の戦車が手に入る。これ以上ないほどの提案だったはずだ。

朴大統領以下、国家安全保障アドバイザーや閣僚、将軍、ＫＣＩＡ（韓国中央情報部）の人々は大喜びでこの提案を受け入れ、私たちをパーティでもてなす喜びようだったのである。

韓国は自分で自分を守る気がない

ところがその後、このアドバイスが活かされた気配はない。ソウルへの一極集中を緩和《かんわ》するような政策は実行されていない。そもそも当時、韓国側から私に、「ソウルは北朝鮮との国境にある非武装地帯から近く、脆弱だ」と訴えてきたのだ。韓国の人口と経済がソウルに集中しているから北の攻撃に耐えきれないと、何かにつけて「ソウルの脆弱性」を持ち出すため、あらゆる作戦計画が阻害されていた。だからこそ、首都機能と企業の移転を勧めたのである。

これは一九七〇年代後半の話だ。現在まで四十年以上の月日が経ったが、その脆弱性を克服するために韓国自身は何をしただろうか？　例えば都市機能を分散化しただろうか？　答えは否、彼らは何もしていないのだ。

移転どころか、韓国はまともな防衛努力さえしようとしない。近隣地域共同のシェルターはあるが、それでは北のロケット攻撃が始まってから退避するのに間に合わない。

スイスでは一八五〇年以降、一度も戦争をしていないにもかかわらず、自宅の地下やビルにシェルターを備えつけることが法律で義務づけられている。

イスラエルは決して裕福な国ではないが、過去四十年の間に、すべてのアパートに防弾・防ガス機能を備えたシェルターの設置を義務づけた。

二〇〇六年、イスラエル打倒を目指すイスラム過激派ハマスが五万発ものロケット弾をイスラエル市街地に撃ち込んできたが、このシェルターのおかげで、イスラエルの犠牲者はたった二十人程度で済んだ。本来なら、死者が数千から一万人規模に達してもおかしくはなかっただろう。国民の安全、国家の安全保障に責任を持つとは、このようなイスラエル政府の態度を言うのだ。

ところが韓国は自国のすぐ隣の、まだ休戦中にすぎない敵対国家がミサイルを開発し、核兵器まで持とうとしているのに、核シェルター設置を義務づける法律さえ作らない。

数年前には、韓国の国防担当者がイスラエルの防空システムであるアイアンドームを視察しにガザ地区までやってきた。ソウルに対する北朝鮮の脅威の八〇%はロケット攻撃であり、一方、韓国軍の大砲による反撃はソウルの北部までしか届かないため、北朝鮮に応戦できない。北朝鮮の百三十ミリ砲の射程は三十キロしかなく、ロケット砲の射程は八十キロ。そこで韓国人は迎撃成功率が九五％を誇る、イスラエルのアイアンドームを視察しに来たわけだ。

ところが、韓国人は何度もブリーフィングを受けた挙げ句、システムを購入するのではなく、自分たちでコピー（模倣）することにした。

実は韓国は、同じ過ちを過去にも繰り返している。

先にも触れた、七〇年代末に韓国に対してアドバイスをしたその一年後、中東にいた私は、「そういえば韓国はどうしたかな」とふと思い出して気になり、ソウルのM－47戦車の件はどうなったか尋ねてみた。韓国政府はこう答えた。

「カネだけ受け取ってM－47は導入していない。カネは韓国軍の国産戦車の開発をスタートさせるため、八年間の調査研究プロジェクトのために使われた」――。

韓国は、その戦車を海外に輸出して稼ごうというのだ。北朝鮮による韓国への侵攻という脅威があったにもかかわらず、韓国人は金儲けだけを考えていたことになる。安全保障はアメリカ任せで、アメリカ人は韓国を守れ、われわれ韓国人は何もする必要がない、というわけだ。私たちが提案したソウルの一極集中を改めることもなく、戦車を改良することもしなかった。実に無責任な対応だったといわざるを得ない。

独立国であれば、どんな国でも安全保障を最優先に考えて行動する。だが韓国は何もしていない。

韓国は本気で自国を守る気がないとみなすほかないだろう。

文在寅大統領こそ、国防意識欠如の象徴だ

このように、北朝鮮問題とは北朝鮮の攻撃性だけではなく、韓国の無責任さを含んだ朝鮮半島全体の問題なのだ。これが「コリア・ジレンマ」であり、日本の安全保障に直結する重大な問題なのである。

最近も、韓国の無責任ぶりを如実《にょじつ》に示す出来事が起きている。二〇一七年九月に、ロシアのウラジオストクで東方経済フォーラムが行われた。私も現地を訪れ、そこで友人のロシアの戦略担当者と会った。その友人曰く、「いま、韓国の文在寅大統領に会ってきた。その席で文大統領は、ロシア側に対して『北朝鮮との国境付近にあるハサンで、韓国とロシア、北朝鮮の三国で工業団地を作りましょう』と提案した」と。

さらに韓国側の担当者がこう言ったという。「工業団地を作ってくれれば労働力は北が

提供し、資金は韓国が出すことができる。いま、韓国と北朝鮮の軍事境界線付近にあるケソン工業団地は停止したままだが、ハサンに工業団地ができれば、運転資金として北朝鮮にお金を流すことができる」

トランプと習近平が北朝鮮の石炭、鉄鉱石、水産物、アパレル品などを輸出させない経済制裁に合意をし、他国にも同じ措置《そち》を取るよう迫っている一方で、韓国の大統領自身が北朝鮮に資金を流す一種のマネーロンダリングをロシアに提案している。これが韓国という国の実態である。無責任ぶりは四十年前と何ら変わっていない。

韓国の国防意識の欠如は、二〇一七年の大統領選を見てもわかる。二〇一〇年に韓国は北朝鮮から延坪島《ヨンピョンとう》への砲撃を受けている。それでも韓国国民は、北朝鮮に対する「太陽政策」を掲げた候補を勝利させた。アメリカの政策、つまり北を経済的に締め上げる「北風政策」とは全く逆の道を選んだのだ。安全保障には無関心で、「経済の浮揚と、汚職や縁故採用撲滅」を唱え、北朝鮮への「太陽政策」を進める人物を大統領に選んだのである。

ここからわかるのは、韓国の国民が北朝鮮の脅威について、全くといっていいほど、真剣に考えていないということだ。

自国の防衛に主体性を持てない韓国

ソウルは北の攻撃にきわめて脆弱だと言いながら、なぜ韓国は首都の移転を考えず、この状況に際して北朝鮮に融和的な候補者を選んでしまったか。その理由は、自国の安全保障なのに、韓国人自身の責任だと思っていないからだ。

繰り返すが、独立国であればどんな国でも、安全保障を自国の責任として最優先で考える。しかし彼らは実質的に独立国ではなく、独立することに関心がない。だから安全保障に責任を持つ気もないし、現在、米軍が持っている韓国軍の戦時作戦指揮権を本気で取り返したいとも思っていないのだ。

韓国の前大統領の朴槿恵《パククネ》は二〇一六年、中国主催の「抗日戦勝記念日」のパレードに参列するなど、中国の傘下に入ったかのような姿を見せて「西側」を驚かせた。だがこれは朴政権だけの問題ではなく、韓国全体の傾向と言っていいだろう。

韓国には文化的にどこかに従属するという伝統があり、これは歴史的にも、両班《ヤンバン》たちが中国に対して叩頭《こうとう》していたことからわかる。彼らは小中華として生きてきたのだ。

そして現在も、韓国にとって中国は、輸出先としてその重要性を増しており、そこへ韓国伝統の従属欲が加わる。「これでは独立国ではない」「属国になってしまう」という批判は、韓国の国民からは出てこない。

だからこそ、二〇一七年の大統領選挙でも安全保障問題は経済の二の次におかれ、北朝鮮への対応も「対話してカネを与える」という候補が大統領になってしまうのである。隣国から核兵器によって脅されている国とは思えない無責任な態度だが、トランプもこのような韓国の態度から学ぶものがあったからこそ、六カ国協議をやめ、中国を使って北朝鮮に圧力をかける方策にシフトしたと見ていいだろう。

二〇一九年六月の、トランプの「南北軍事境界線電撃訪問」には文在寅大統領も付き添ったが、北朝鮮危機に対して、韓国は何の決定権も持っていない。まったく役割を果たせておらず、できるとすれば、状況に対する不満をがなりたてるくらいのことしかないだろう。

韓国がこの状況に何も貢献していないことを、トランプは極めて不快に感じている。

日本は韓国を反面教師としなければならない。

核武装より先制攻撃できる通常兵器を

では日本はどうやって北朝鮮に対峙すればよいか。私が「先制」のオプションを検討するべきだと述べると、今度は日本から「日本も核を持つべきだ」という核武装論が頭をもたげてくる。だが私はこれに反対である。

日本国民は日本の政府が、外国の核の脅威から、いかなる手段を用いても自分たちを守るよう要求する権利を持っており、その実行のために政府の機構や、予算、法律、憲法を変える必要があれば、当然、躊躇《ちゅうちょ》してはならないし、政府の行動に不要な制約を課してはならない。

しかしながら、核というのは使えない兵器である。たとえ一千発の核兵器を持っていても、使えない以上はナイフより無意味だ。ナイフは使用できるが、核は強力すぎて使うに使えない。例えば、私が夜にバー（酒場）にいて誰かとケンカになったとき、ナイフや拳銃があれば必要に応じて使うことができるが、戦車を持っていたとしても使えない。核兵器というのは、バーのなかの戦車のようなものだ。

核兵器は使われない限りにおいて、有効な武器である。つまり威嚇《いかく》や恫喝《どうかつ》で相手にわが意志を押しつけるには、核兵器はいまだに極めて有効な兵器であることは確かだろう。しかし、金正恩の分別に期待することはやめたほうがいい。「日本が核兵器を所有すればそれで抑止力となる」という考えは誤りだ。その理由は「核抑止力は、分別のある者に対してだけ働くから」だ。北朝鮮はそのような相手だろうか。

日本に必要なのは核抑止力ではなく、役に立つ防衛力だ。そのために必要なのは、繰り返すが、日本が先制攻撃能力を持つことであろう。ミサイル防衛も大事だが、一〇〇%ではない。通常兵器による先制攻撃能力を持つことで、抑止力は高まるのである。

先制攻撃は侵略ではない。外国の領土に侵攻する能力ではなく、日本の一般市民を守るために必要な能力だ。自国を名指しで標的にしている敵性国家に対して、備えておくことはあくまでも防衛努力であり、そのために北朝鮮の核・ミサイル施設を攻撃し無力化する能力を蓄積しておかねばならなかった。

日本の人々は、北朝鮮によるミサイル攻撃の脅威に晒《さら》されることなく、安寧《あんねい》に生きる権利を持っている。本章を収録するインタビューを行なった二〇一七年十月の時点では、日本はまだ、北からの通常弾頭による恐ろしい攻撃の脅威を取り除く手段を持っていた。しかし、北朝鮮が核開発を終えてしまった二〇一九年秋以降は、それが不可能になる。このことを日本はもっと真剣に考えるべきだったろう。

日本はこの時、「防衛手段として北の核・ミサイル施設を先制攻撃するか、金正恩に服従して生きるか」、どちらかを選ばざるを得なくなる、岐路《きろ》に立たされていたのだ。

今すぐできたはずの対北装備

しかも、日本はすでに保有している戦力を、先制攻撃ができるように、簡単な改修を加えるだけで、たやすく問題解決ができたのだ。自衛隊の最小限の装備を流用し、コストもかからず、すぐできる修正で、北朝鮮の核ミサイルの危険性を長期間にわたって除去する能力を持つことができる。やらない手はなかった。

そもそも北朝鮮の国防費はアメリカの四〜五%以下であるにもかかわらず、百万人の兵力を維持し、ミニ潜水艦を建造し、通常兵器から潜水艦発射弾道ミサイルや大陸間弾道ミサイルまで多くの装備を開発している。もちろん、日本の国防費よりずっと少ない額でこれらすべてを行い、日本より多くの攻撃兵器を持っている。

しかし、北朝鮮は整備された防空体制を欠いている。技術的な理由で、防空には莫大《ばくだい》なカネがかかる。北にはソ連時代の旧式のレーダーがあるだけで、新式の地対空ミサイル（地上から空中の目標に対して発射されるミサイル）はなく、即応迎撃が可能な航空部隊もない。つまり北朝鮮の上空を守る手段はなく、外国に向けて「窓」が開いているに等しい。

それに対して、日本には約二百機のF－15がある。これは戦闘機と称されているものの、実際は二基のエンジンを積んだ強力な航空機で、日本から北朝鮮までの距離を考慮すると、戦略爆撃機として使用することができる。日本の整備状況では、約二百機のうち通常七十機がいつでも完全運用可能であり、これらを活用しようとするなら、日本は各種の空対地ミサイル（空中から、地上の目標に対して発射されるミサイル）を購入して装備すべきだろう。

さらに専門的なことを言えば、F－15の航続距離を伸ばすことが重要であり、そのために必要な燃料タンク密着型増槽（Conformal fuel tanks）を、機体の胴体部に沿って取り付けるだけでそれが可能になるのだ。このタンクはボーイング社から購入できる。とても簡単なことなのだ。

もしくは、日本がすでに保有している、主力戦闘機F－2に搭載可能なJDAM（通常爆弾を精密誘導型に変えるキット）をF－15にも装着できるよう、改造することも検討されていい。

次に、北朝鮮にあることがわかっている核関連施設や、ミサイル関係のあらゆるターゲットを選定する。これはどんなに多くとも全部で二百五十カ所以下であるため、やろうと思えば今すぐにでも、可能性、蓋然性《がいぜんせい》のあるターゲットをすべて選定し、「ここは飛行場、これはどこそこの機関の施設」と照準点（aiming point）を次々に決めて、空自は自力で、日本がこれまで得た情報や、自前の衛星で集めた情報をもとに攻撃を開始することができるのだ。

あるいは、偵察部隊を空から送り込み、ターゲットを明確にしたうえで攻撃することも可能だ。北朝鮮から反撃される恐れはない。

重要なのは「戦時のメンタリティ」だ。平時の官僚的なメンタリティでは「防空システムを完全に破壊して安全を確保してから目標の攻撃に移る」となるだろうが、これでは失敗する。

一九八一年、イラクの核開発を阻止すべく、イスラエルがバグダッド近郊のオシラク原子炉を破壊した。この時のイラクはイラン・イラク戦争の開始直後で、イラク空軍は臨戦態勢、対空砲もレーダーもあったが、イスラエル軍は精密誘導弾ではなく肉眼で通常爆弾をターゲットに命中させている。この「バビロン作戦」の際、イスラエルはイラクの戦闘機もミサイルも完全に無視して奇襲をかけ、一直線に最短距離でターゲットに向かった。イスラエルの人々は、サダム・フセインの核の脅しの下で生きることを望まなかったからだ。これこそがリスクを取る戦時のメンタリティだ。

今日本に必要なのは、平時のメンタリティで「対地攻撃能力についての合意を図る」ことではなく、実際に使える装備を「研究のため」と称して購入し、ワシントンと北京にメッセージを送ることなのだ。

北朝鮮を攻撃するために核兵器は必要ない。テクニカルに言って、去年の段階であれば「窓が開いている」北朝鮮国内のターゲットを、日本が爆撃して完全に破壊することは可能だったのである。

重要なのは、日本がその能力を持っていることをきちんと認識することだった。そのまま日本が手を拱《こまね》いて何もしなかった結果、二〇一九年秋以降、北は核弾頭の搭載が可能なミサイルを実戦配備してしまった。そうなれば今度こそ、打つ手はなくなる。だからこそ第一章で述べたように、ことここに至っては日本の対応は柔軟かつ受動的になるしかないのだ。

日本政府は本気の姿勢を見せるだけでいい

もちろん、先制攻撃能力を持つといっても、民主主義の国である日本では、法的な問題もあるだろう。その点は専門外の私からは明確なことを申し上げられない。また、一国の国力は人口、経済規模、技術水準だけではなく、国としてのまとまりも重要な要素だ。公に議論することで国論が割れれば日本の分裂につながる。国論の分裂は、結果的に「何もできない」事態を引き起こすだけだ。

だからこそ、日本政府がまずやるべきは、行政的な手続きを粛々《しゅくしゅく》と進めることだろう。部品一つ購入するだけで、明確な一つのシグナルとなる。国論を二分するのではなく、目立たないような形でワシントンや北京に「日本は本気である」と伝えることが重要だ。

繰り返すが、自国民が脅威に晒されている時、その直接の危険を除去するために先制攻撃を行う権利はあらゆる国家が保持しており、日本政府がそうした意志を持つことに大きな意味がある。

米軍にも襲いかかる「病」

先に、「日本は『まあ大丈夫だろう《イット・ウィル・ビー・オールライト》』と考えて何もしないという選択をしている」と指摘した。これは米軍がいるからだろうが、その米軍にも問題がないわけではない。アメリカがいまひとつ頼りにならないのは、ここに原因がある。

アメリカの対北朝鮮攻撃決断において問題になるのは、実は米軍側の官僚的な問題の存在だ。北朝鮮に対して攻撃を行おうとした場合、二万人の兵士と一千回の出撃、それに三週間の作戦が立てられることになるが、米軍は「北朝鮮のすべての防空網を潰《つぶ》してから攻撃を行う必要がある」と主張して、物事を先送りにしたがる。

ジョージ・ブッシュがイランの非核化を米空軍に検討させた時、空軍側は「作戦遂行には数週間を要し、二万人の死者が出る」と報告している。自国側の犠牲を極力少なくしたい彼らが、軍事作戦に対する極めて大きな抵抗勢力となっている部分がある。

つまり米軍というものは、日本人が期待しているように、いつでも敵を排除してくれるわけではないことに留意しておくべきだろう。

ここで、私が『戦争にチャンスを与えよ』（文春新書）で問いたかった問題と、現状が重なってくる。「なるべくなら戦いたくない。やむを得ず戦うなら、被害を最小限にしたい」と考える現在の価値観についてだ。

歴史を振り返ってみれば、今日のような繁栄したヨーロッパが近代以降に出現してきた理由は、互いに諍《いさか》いを起こして競争してきたからである。言い換えれば、頻繁《ひんぱん》に戦争を繰り返して形成された「戦争の文化」を持っていたためだ。

終章で詳述するが、その文化は、以下のような原則に集約される。「男は戦争を好み、女は戦士を好む」

男が戦争を好むためにこの世には戦争が多く発生したのであり、戦争が発生したために人々は結婚し、子供を産み、破壊された街を再建し、さらに建築物を増やしてきた。だからこそヨーロッパは発展できた。

この古代から続く「生命の法則」に従ってきたおかげで、ヨーロッパは世界中のどの地域や国よりもアグレッシブで暴力的だった。だからこそ、地球上のその他の多くの地域を占領してきたのだ。

ところが、戦後のヨーロッパは互いに戦うことをやめてしまった。そして、彼らは戦争を愛する文化も捨て去ってしまった。このような文化は、もう時代遅れの愚かな習慣としか見られなくなっている。

たしかにヨーロッパは平和になり、みなが戦争を忌避するようになってポリティカル・コレクトネスを守るようになった。だが、女は戦士ではない男を好まないので、必然的に子供が生まれなくなってきている。それと同時に高齢化も進んでいる。

これは終章でも述べるように、日本でも同じような状況だと思う。その結果が、士気の失せた高齢化社会の到来である。

このような価値観は、その集団自身を絶滅に追い込む考え方だ。ヨーロッパの「戦争の撲滅《ぼくめつ》」という目標の達成を称賛するのはかまわないが、これは実は、先のない状況を何もわかっていない「絶滅思想の称賛」ということになる。

さらにここで再確認しておかなければならないのは、ヨーロッパのみならず、アメリカも「自国の犠牲を抑えるために、まず相手の防空網を潰してからでなくては攻撃できない」と考えるようになったことだ。先制攻撃に二の足を踏む米軍の官僚的な態度のせいで、アメリカが長年にわたって負け続けている事実を忘れてはならない。

一九四五年以降、アメリカは負け続けている

「アメリカはこの七十年間、戦争に負け続けている」と言えば驚く読者もいるかもしれない。だがこれは事実である。

一九五〇年に起きた朝鮮戦争は、ダグラス・マッカーサー大将の仁川上陸作戦という大胆な一撃反攻により、北朝鮮軍のそれまでの快進撃は止まったのだが、その後参戦してきた中国軍義勇兵の攻勢に米韓軍は統制も士気も乱れ、大打撃を受けた。結果的には運よく引き分けに持ち込んだ程度だった。

一九六四年のトンキン湾事件からアメリカが介入し、一九七五年まで泥沼の戦いを演じたベトナム戦争については言うまでもないだろう。北ベトナムは太平洋を越えてやってくるアメリカ軍の流入を阻止することができず、アメリカがベトナムのいかなる地域も爆撃できたのに対し、北ベトナムはアメリカを攻撃することはできなかった。さらにアメリカは当時、先進的な技術を熱心に導入して戦ったが、それでも勝つことはできなかった。つかみどころのない北ベトナム流の戦争に翻弄《ほんろう》され、北ベトナムのプロパガンダと外交が成

功する条件を生み出した。アメリカ国内には反戦ムードが蔓延《まんえん》した。

二〇〇一年九月十一日の同時多発テロに対抗して、同年末から始まった対テロ戦争であるアフガニスタン紛争は、作戦開始から十七年後の二〇一八年末、アフガニスタン駐留米軍のスコット・ミラー司令官が、アフガニスタンにおけるアメリカの軍事的な敗北を認めるに至った。世論調査によれば、アメリカ国民の約半数も「米軍のアフガン戦争への参戦は敗北に終わった」と認識している。

二〇〇三年にアメリカが始めたイラク戦争も、戦闘では勝ったものの、大量破壊兵器を取り除くという当初の目的から、「イラクの民主化」に題目が変わってしまっている。そして今もなお、イラクには民主化も平和も訪れていない。現在のイラク市民に、「サダム・フセインがいた時代と、今を比べて生活はどうなったか」と尋《たず》ねれば、「フセイン時代のほうがはるかにましだった」と答えるだろう。そしてアメリカはリビアでも同じ過ちを繰り返した。

他にもアメリカはソマリアやユーゴスラビアの内戦に「人道的介入」をしたが、「勝った」などとはとても言えない。「外部の介入」がかえって戦争を長引かせる、というのは『戦争にチャンスを与えよ』（文春新書）でも述べた私の持論だが、アメリカは今でもこの過ちを反省していない。
ベトナム戦争に従軍し、現在は米戦略国際問題研究所（CSIS）のシニア・アドバイザーを務めるハーラン・ウルマンはこう述べている。

大統領も政治家も国民も、このシンプルな真実をこれまで理解できずにきた。半世紀以上もの間、アメリカは自ら始めた戦争すべてで敗北してきたという真実である。同じように、アメリカは自ら始めた武力介入でも失敗してきた。しかも、のちになってから、その介入の理由は誤った情報に基づいていたか、仕組まれたものだったか、根拠がなかったか、無知だったか、あるいは単純に間違っていたかのどれかだとわかった。（略）
残念ながら議論の余地のない観察結果がある。それは二十世紀の後半から、アメリカは自ら始めるか挑発した戦争で負け続け、いつも同じ理由のために軍事介入で失敗してきたということだ。これらの失敗の根本的な原因は、健全な戦略的思考と判断力の欠如、そして状況についての十分な知識と理解の欠如にある。（略）
二〇〇八年の大統領選挙戦でオバマがジョン・マケインを破ったあと、マケイン陣営の選挙参謀だったスティーヴ・シュミットが残念そうに、「歴史はやり直しがきかない」

と認めた。アフガニスタンでの国家建設への移行とイラクでのフセイン排除の決断は、（前者については最初のうちはどちらとも言えなかったが）振り返って考えてみれば、合理的思考とは程遠いものだった。同じことがヴェトナムにも当てはまった。それなのに、再び全く同じことが繰り返されようとしている。耳を傾け、指揮をとってくれる人物が求められている。しかし、歴史から学んでくれる人物が果たしているだろうか？（ハーラン・ウルマン『アメリカはなぜ戦争に負け続けたのか――歴代大統領と失敗の戦後史』中本義彦監修、田口未和訳、中央公論新社）

アメリカはベトナムで負け、アフガニスタンで負け、そしてイラクでも負けているのに、まだ態度を改めずに負け続けている（もちろんこれが続いているのは、負けていてもアメリカ国内の安全には直接的な被害をもたらしていないからだが）。

米軍は大規模な軍隊であり、特殊部隊も素晴らしい、米軍は偉大だと賞賛する人々は多いが、現実は「戦争に負けている」。日本もその現実を見る必要がある。

繰り返すが、これまでの日本は「まあ大丈夫だろう《イット・ウィル・ビー・オールライト》」という態度を取ってきた。北朝鮮が核を開発しても、弾道ミサイルを保有しても、何もしなかった。これが平和を危機に変え、結果的に戦争を引き起こすことは、現状を見れば明らかだろう。

平和は、脅威に対して弛緩《しかん》した態度をもたらし、脅威が増大してもそれを無視する方向に関心を向けさせる。日本にとって、その典型が北朝鮮問題だ。日本政府は、自ら動き出さなければならない。

アメリカの追従者ではなく、真のパートナーになるために

近年、日本は以前にも増して国際社会で戦略的な責任を負おうとしている。これは、単純な政治的リーダーシップの問題であり、もし、日本人の平穏な生活や身体に危険が迫っているならば、首相や政府が対応を考えて、外交、治安の維持力、軍事的手段によって対抗しなければならないのは当然のことであろう。

アメリカとの密接な協力を必要とするという事実は、アメリカからの要望にただ従うだけという態度と大きく異なる。そのような日米協力は過去のもので、現在の日本の立場はアメリカの最も重要なパートナーであって、アメリカに唯々諾々《いいだくだく》と従う追従者ではない。

私は戦略家として、「日本はこうすべき、こうあるべき」と言うことはできない。日本

が強くなるべきか弱くなるべきかを論じるのは私の仕事ではないからだ。

日本という国の国益のために、ここはこうあって欲しい、ではどうすればそれが達成できるか、軍事力を使うのか外交力を使うのか、航空兵力を送るのか陸上部隊を派遣するのか、それらを多面的に考えていくのが私の仕事である。

日本は自国の市民が「あなたの政府はあなた方の安全を守っていますか」と尋ねたら、「その通りだ」と胸を張って答えられるような体制を提供しなければならない。

もちろん、国家の指導者は理想を語ることが必要だ。日本とは何か、われわれのやり方はどういうものか、理念を語ることができなければ指導者にはなれない。その点で、安倍総理は有能なリーダーであり戦略家であるが、今後も日本は、主体的に具体的な目の前の危機に対処していかなければならない。

日本は今、北朝鮮問題において戦後最大のターニングポイントを迎えていることを忘れてはならない。

第四章 自衛隊と情報機関への提言

ルトワックが自衛隊の演習を指揮したら

最近の数年間について言えば、日本は安全保障において順応的な戦略を持っていると言っていいだろう。国際的な状況の変化にうまく対応しようとしており、イニシアチブをとって動こうとしている。日米同盟も進化しており、単なる従属的な存在から同等に近い同盟関係に近づいている。

では自衛隊は、本当に有事に対処できるのだろうか。

日本の自衛隊の練度《れんど》は、世界でも最高水準にあることで知られている。個人の訓練状況もそうだが、部隊の結束も固いし、軍全体でもまとまっている。

ここで問題にしたいのは、彼らが「実戦」において敵に対処し、国家を守り切ることができるだけの能力を本当に備えているか、という点だ。

実戦においては、素早い決断とともに、予測不能な事態に対処できるかが問われる。戦争では、敵が完全に無能な存在でなければ、何かしらの対抗手段を打ってくる。通常、敵は常に相手の裏をかき、意表を突こうと考える。つまり、〝あらゆるサプライズ〟を狙ってくるのだ。

特に日本の場合は、戦略において攻撃的でなく、帝国主義的な拡大を狙っているわけでもないので、自ら仕掛けるよりも敵が仕掛けてくるサプライズに備える重要性のほうが高くなる。

サプライズへの対処能力を上げるためには、単なる「部隊訓練」ではなく、リアリスティックな演習を行わなければならないが、この「リアリスティックな演習」の実行は、非常に難しい。なぜならこれを実行する場合には、まず実戦の準備ができている部隊を用意して、その部隊に対してサプライズを仕掛ける「敵」の役を務める部隊を用意しなければならないからだ。

この「敵部隊」は、味方がまったく予期しない、想定外で常識はずれの攻撃を仕掛けなければならない。自衛隊にいる部隊のなかでも、最も頭の切れる精鋭部隊を敵役にした、実戦さながらの演習が必要になる。

一方、対処する側の部隊の指揮官や士官たちは、市ヶ谷の司令部や首相官邸に連絡するのではなく、その場で即決し、その決断の責任まで負わなければならない。

また、この演習には陸・海・空の全軍が参加するだけでなく、政府レベルや情報機関、国民までを巻き込む形で、せめて一度は実施されなければならないのだ。

本格的な「ウォーゲーム」を実施せよ

より有用なのは、指揮演習であろう。これはドイツが「ウォーゲーム」と呼ぶものだ。実際の戦争で起こるような「摩擦」を発生させて、敵に予測不能な行動をとらせ、味方側に作戦の失敗や不利になるアクシデントを引き起こし、状況に対処させる演習だ。

この時、何よりも重要なのは、「味方が負ける」ことである。負けたあと、負けた側は「なぜ負けたのか」と真剣に機材や兵器、組織構造や伝達過程などを細かく検証することができるからだ。

実際の戦闘は、映画のように格好のいいものではない。すべてが混乱のなかにあり、部隊は戦うどころか動く方向を間違えたり、混乱したりして、計画どおりには進まないものだ。

敵役が有能であればあるほど、サプライズや度重なるアクシデントにより、自衛隊はまるで大敗北をしたような状態に陥るはずだが、この経験が軍には必要だ。敗北から多くのことを学べるからである。

こんな例がある。アラブ軍のなかでも、特にエジプトの部隊は軍事演習で実にめざましい動きを見せていた。一九六七年にイギリスのモントゴメリー将軍は第三次中東戦争の直前にエジプトを訪れて、エジプト軍の軍事演習を見て感銘を受けた。そして、「彼らはどの戦争にも勝てるだろう。イスラエルにも簡単に勝つ」と述べた。

イギリス軍は、同時にイスラエル軍の演習も見ていた。この演習はかなり混乱していて、部隊は道に迷ったり、直前になってルールが変更となったり、ある部隊は計画とは違う敵部隊を攻撃するように命じられたり、そもそも参加しているはずの部隊が演習から外されたりしていた。

このような混乱したイスラエル軍の演習を見ていたイギリス側は、イスラエル軍が実際の戦争で勝てるとは思わなかった。だが、中東戦争でイスラエル軍は負けなかったのである。

これこそが「本物」の「演習」である。日本はこのような演習ができているだろうか。

本格的な国家情報機関の設置を！

もう一つ、日本にとって重要なのは、一刻も早く本格的な国家情報機関を設置することだ。ほぼすべての国が、情報機関、あるいは公安機関を持ち、複数の組織のネットワークを国内外に張りめぐらせ、自国の安全保障に資する情報を収集している。しかも財政の縛《しば》りも、他省庁との縄張り争いもなく、無制限に近い自由を与えられながら、社会のあらゆる分野で活動しているのだ。

その任務は、公表、未公表のあらゆる情報を収集、分析することだ。戦術レベルの軍事情報は、陸・海・空などの三軍に所属する諜報組織がそれぞれ集めている。海洋国では海軍の諜報組織の規模が大きく、技術も進んでいる場合が多い。戦略レベルの軍事情報については、統合参謀本部や国防省、外交担当の省庁などが別個に収集にあたり、科学に関する情報は、経済、通信、エネルギーなど広い分野に及ぶため、各省庁が重複して集めているケースが多い。

さらに情報機関は情報を収集するだけでなく、対敵情報活動、つまり敵の諜報活動を妨害、阻止する活動を行っている。軍が独自の組織を持っているか、あるいは各軍の憲兵隊がその役割を果たすこともある。内務省にあたる省庁は「スパイ狩り」を行う防諜組織を持っている。

これら情報活動の中で最も高度なのが防諜活動だ。敵側の諜報機関と接触してわざと誤った情報を与えたり、相手の組織に浸透《しんとう》したり、相手の組織を分断することもある。

情報活動は、世界のどの国にとっても重要である。アメリカのCIAの活動はもっぱら英字新聞とインターネットに頼りきりで、その活動の約九割には価値がないが、国の対外戦略立案・遂行能力は「どれだけ正確な情報を収集し、分析できるか」にかかっている。逆に言えば、一国の戦略の水準は、その情報収集・分析能力の水準を超えられない。

CIAは外国語も、各国の深い歴史も知ろうとしない体《てい》たらくで、リビア、イラク、アフガニスタンなど中東諸国におけるアメリカの外交・軍事作戦の失敗の背景には、CIAによる情報収集の失敗がある。私は米軍がタリバン掃討作戦を行ったときにアフガニスタンに滞在していたが、アフガンの主要言語であるダリ語、パシュトー語、ウルドゥ語を、米軍人の誰も理解できなかった。これで情報活動が成功するはずもない。

現在の日本の外務省内にも、情報収集を行う部局はあるだろう。恐らく警察出身者がアドバイスをしているのではないだろうか。日本の警察は確かに能力が高いが、それは国内における問題に対してであり、国際テロの問題にはほとんど経験がないといっていいのではないか。

二〇〇四年、イラクで日本人人質事件が起きた。この際、日本政府も情報収集活動を行ったが、残念なことに有意義な結果を生まなかったと理解している。当時の逢沢一郎《あいさわいちろう》外務副大臣や、塩川実喜夫《しおかわみきお》警察庁警備局国際テロリズム対策課長らが現地対策本部の置かれたヨルダンのアンマンに入って人質救出活動に力を注いだが、問題は現地に送り込まれた方々がアラビア語を話せなかったことだ。

彼らは英語を話すヨルダン人を使って情報収集を行ったが、アンマンは各種のゲリラ・テロ活動の中心となっているイラクのモスルから離れており、有効な情報収集は難しかったのだ。

この時は日本人の生命が危険にさらされたが、中近東における情報活動の目的は現地の日本人の安全と、現地で操業している日本企業の安全を守ることに尽きる。

例えばトルコでは、トヨタが自動車組み立て工場を同国北西部のサカリアにおいて操業している。ここでは多数の日本人が生産活動に従事しており、テロ発生の危険性が高い。

そのため、日本の情報員はシリアとの国境に近いトルコ南東部から直接情報を収集し、警戒を強める必要がある。

しかし実際には、日本のみならず欧米の情報機関は、アンマンで情報収集を行っている。その理由は、もし紛争が発生した場合、イスラエルに一時間で避難できるからだろう。何しろアンマンはイスラエル国境まで五十キロメートルだからだ。彼らの身の安全は守れるが、現地の自国民の安全を守るための情報からは遠ざかってしまっている。

ルトワック流・情報員トレーニング法

日本が国家情報機関を設立するために、何より重要なのは人材の育成だ。情報員として必要なのは、自発的に考え行動する能力であり、新しい提案を考えだす能力である。現地の言語を習得することは言うまでもない。

日本人は高度な情報活動をこの数十年間、全く行ってこなかった。そのため、「いきなりやっても、できないのでは」と危惧《きぐ》する声もあるだろう。だが私が全世界を見聞してきた限りにおいて、日本人は世界中のあらゆるところで実に様々な活動や事業を行っている。

一九九〇年代、冷戦がまだ完全には終わっていないころ、アメリカではCIAと国家安全保障局（NSA）がすでに、経済情報、産業情報、企業情報を提供する可能性について内部調査を始めていた。当時、アメリカの商務省よりも日本の通産省のほうが、企業に対する積極的な介入政策を行っており、そのための情報収集は日本も当然行っていたはずである。なにより、つい最近まで、国防を担当する省庁よりも、エネルギーや通商を担当する省庁（通商産業省）のほうが上位にある世界で唯一の国が、日本だった。

日本では、国防にかかわる情報と経済情報は全く別のものとして認識されているのではないだろうか。だが、実際にはそうではない。また安全保障に関する高度な情報活動は手薄でも、エネルギーや貿易、企業活動に資する情報活動は行っていたのであり、その素地は今も生きている。日本人の環境適応能力は高いので、適切な訓練とバックアップを受ければ、優れた情報収集能力を発揮するだろう。

例えば外務省の若手官僚約二十名を集め、私のような専門の外国人訓練教官三人が指導して、一年ほど情報員としてのトレーニングを積んでもらう。訓練教官は優秀な元CIA、元モサドなどのメンバーが適している。

初期の課題としては、例えば六本木のカフェで明らかに中国人や韓国人とわかる人物に接触し、なにがしかの話をして、別れる際に名刺をもらう。あるいはバンコクへ赴《おもむ》き、空港や王宮前広場、バスターミナルなど指定された場所に行き、そこから教官に確認の電話をかける。ただしその際、自身のiPhoneではなく、通りすがりの人からiPhoneを借用して連絡しなければならないのだ。

ある程度訓練を積み、研修を終えたら、実際の現場へ派遣される。情報局所属職員として特定の現場勤務を三～四年行うことになる。新しいIDを与えられ、例えば外務省のロシア専門の職員だった場合には、モンゴルやロシア・東シベリアのブリヤートに派遣され、そこから中国の北朝鮮との国境都市・丹東《ダンドン》にモンゴル人として向かう。丹東は現在、中朝貿易の拠点として発展しているので、現地でモンゴル人としての住民票を取得するのは比較的簡単だ。そこでビジネスをはじめ、北朝鮮と貿易している人々とのつながりができれば、北朝鮮の貴重な生の情報を入手できる。

現在、丹東に最も近い日本の領事館は瀋陽《シェンヤン》にあるが、そこから日本の領事館員が丹東に出張すれば、必ず中国側の監視と干渉を受けることになる。

もしくは、北朝鮮人が多数暮らしているカザフスタンの首都・アスタナ（ヌルスルタン）地域に、朝鮮語の訓練を受けた日本人として潜入する。北朝鮮は日本の朝鮮総連の関係者を常にエージェントではないかと疑うが、カザフスタンからの人間であればそうは思わないからだ。

北朝鮮の真実の姿を見極めるには、このような方法を取るしかない。

日本もやっていた情報・諜報活動

情報活動において最も重要なのは、現地で信頼できるエージェントになりうる人物をいかにして見つけるかだ。実は、真のエージェントは先方から自発的な形で応募してくる者である。

このような特殊任務に選ばれた人々は、英国情報部員であろうとKGBのメンバーであろうと、通常の仕事よりも、自身の任務に対する高い満足度を得ている。また、通常の軍備のハードウェアに比して、このような人的なソフトウェアのコストは、そのもたらす価値に比べて格段に低い。それゆえ、日本においても問題なく育成費用や人件費が予算化されるだろう。情報員のその後のキャリアプランまでをしっかり固めておけば、望んで任に就く者もいるに違いない。

情報員経験者は外務省か警察に戻ることになるが、英国やイスラエルの場合は比較的危険度の高い国々の大使館に勤める外交官や、大使になるケースも多い。というのも、情報員の経験を持った人々は、現地政府に歓迎されるからだ。特にアフリカのような不安定な政情で危険性が高い場所では、情報員経験者の活躍は、日本にとっても現地にとっても有意義なものとなる。アフリカの英国大使館に行けば元英国情報部員に、イスラエル大使館に行けばモサド出身者に会うだろう。現地政府は、これらの情報員経験者からの安全保障面に関する忠告や勧告を喜んで受けるからだ。

日本も過去においては高度な情報活動をきちんと行っていた。有名な南満州鉄道（満鉄）調査部は当時世界でも最高水準の調査レポートを作成していた。彼らはハルピンやその他の場所で、ロシア人をエージェントにして情報を集めていたのだ。

当時、東京では松岡洋右《まつおかようすけ》外務大臣がドイツとの同盟を推進していた。しかし満鉄調査部の報告書によれば、「ソ連がドイツに勝利する」とあった。つまり日本はソ連軍の中に優秀なエージェントを持っており、そのエージェントはソ連軍の一部と同行していたということだ。にもかかわらず、東京の外務省高官たちは、ドイツが勝つと信じ込んでいたのだ。

満鉄調査部は日本の陸軍、関東軍に情報を流しており、ノモンハンにおける日本軍とソ連軍の戦闘も詳しく分析して、「ソ連とは戦わないほうがいい」との結論を出していた。だが、ドイツ大使館が流していた「いかにドイツが欧州戦線で勝利しているか」とのプロパガンダに引っかかってしまった。

日本は自信をもって、適切な訓練によって情報員を育てるべきだ。

エージェントはこうして獲得せよ

では実際に、エージェントをいかにして獲得するかを具体的に見ていこう。

例えばシンガポールで行われる学会で、中国人学者をエージェントとして獲得する。学会に集まっている中国人学者や教授のうち、重要なのは一～二人である。日本人学者のふりをして近づく際に、相手は「自分がいかに重要な地位にあるか」を誇示するだろう。その場合、こちらは「政治局（ポリトビューロー）はあなたにどのような指示を出していますか」と聞けばよい。その答えによって、エージェントとして注目すべき人物かどうかがわかる。

あるいは学者の所属する大学を実際に訪れ、校内を散策してみるのもよい。一般的な大学教授たちは貧乏で、大学にも地下鉄などで通勤している。しかしその中で、運転手付きの車で通勤している人がいれば、それは年齢や大学内の序列に関係なく、共産党の中で重要視されている、影響力の強い人間であることは間違いない。そのような人物をマークして、少しずつ親密な関係を結ぶのだ。

他国の情報機関

私は折に触れて述べているのだが、ロシアは何をやらせてもダメだが、戦略だけは非常に優れている。それはロシア軍がクリミア半島を三日間で占領したという最近の事例を見ても明らかだろう。その背景には、長年にわたる優れた情報収集及び分析の能力が存在しているからだ。

ロシアはエージェントを守るのがうまい。ロシアの組織や病院などはどれも冷酷だが、KGBはそうではない。CIAは職員が問題を起こせばすぐにクビを切るが、KGBはまるで母親のように一生面倒を見る。しかもKGBはエージェントの本籍を絶対に公にしない。それゆえ高い精度の情報を得ることができるのだ。

情報先進国と言えば、イスラエルである。イスラエルの場合、モサドは九千人のスタッフのうち七千人が本部におり、主に電子データを取り扱っている。そして二千名ほどが世界五十カ国に展開し、情報収集を行っている。一例としては南米・コロンビアにおいて、モサドの四人のスタッフがコロンビア大統領から高い信頼を得ており、彼らの情報がコロンビア政府を支えているといっても過言ではない。

現在、日本の情報収集機関の設立、運営のために、英国やイスラエルではなく、オーストラリアの力を借りようとする動きがあると聞く。オーストラリアの情報機関はシドニーにあり、公安警察の特殊部局として、もともとＩＲＡ（アイルランド共和国軍。武装闘争によってアイルランドの独立を図る組織）の脅威に対処することから始まった。

シドニーやオーストラリアの新聞はいまや香港系中国人に支配されており、当然のことながら中国本土のコントロールを受けている。オーストラリア政府の対処は遅れていると言わざるを得ない。

オーストラリアは情報収集能力が低く、国内テロリズムに対して経験はあっても、国際テロリズムに対する経験も知識もない。それは、イラクにオーストラリア軍が派遣される際、彼ら自身では軍の安全をいかにして守るべきか、答えが見いだせなかったことからもわかる。そんなオーストラリアを見習う必要はないだろう。

日本が必要としていることは、いわゆるスパイ映画に出てくるような、敵の作戦計画を盗み出したり、相手のスパイを暗殺したりするような任務ではない。あくまでも生の情報を収集することなのだ。そのために、日本の情報員としてエージェントを獲得するのだ。大事なのは、人々をじっくり観察して小さな変化を見逃さないようにするとか、あるいはエージェントとしてこちらに情報を提供してくれる人物を見極め、自然に接触し、関係を構築することである。

第五章

経済戦争《ジオエコノミクス》と国家の本性

「経済戦争」の時代は冷戦後に始まった

　これまで、トランプ政権になって突如勃発《ぼっぱつ》したかに見える米中貿易戦争から、中朝との軍事的な軋轢《あつれき》、それに対抗する日本の策について述べてきた。

　読者諸氏もお気づきのように、経済における戦争と軍事力による戦争は、全く違う位相《ディメンション》のものであるにもかかわらず、互いに相通じるところがある。先の章で指摘した、中国の経済的失敗が対外的冒険主義の背中を押す可能性や、戦後日本の「経済情報活動」と「軍事に関する情報」の接点もその一つだ。

　そのため、最後に、改めて「経済戦争（ジオエコノミクス）」について述べておきたい。世界的な経済競争は国境を越えて広がっており、本来はナショナリズムを煽《あお》るようなものではないはずだ。競争しているのはあくまでも企業であり、世界各国の投資家が株式を所有し、企業の所有者は変わり続けている。

　それでも、冷戦が終結した直後から、国家間の経済競争が目に見えて激化してきた。アメリカ人もヨーロッパ人も日本人も、ソ連という共通の脅威に対抗するために手をつながざるをえない状況から解放されたために、貿易のルールをめぐって争いをはじめ、航空宇宙からテレビ番組まで、各種の重点産業（政治・軍事の世界の言葉を転用して「戦略的」産業と呼ばれている）の主導権をめぐって争いをはじめるようになった。中小国はこの争いに加わってはいないが、それぞれ独自の目標を追求しており、グローバル市場の競争によって自国の重要な産業が一掃されないように努力している。つまり、経済戦争の時代が訪れたのだ。

「経済戦争（ジオエコノミクス）」という現象の広義の意味は、次のようなものになる。「技術的に進歩した企業あるいは業界全体を支援することは、国力を示す手段である」。

つまりこれは、産業という新しい手段による、昔から続いている国家同士の争いそのものであり、それ以上でもなければそれ以下でもない。昔は若者が軍服を着せられて他国の領土を征服するために戦場へ送り出されたが、今日では納税者が、他国の経済を征服するために補助金を出せと説得されているだけのことである。

振り返れば九〇年代、フランス、ドイツ、イギリスの各国は互いに戦う代わりに、協力してエアバス社に資金を援助し、アメリカのボーイング社とマクドネル・ダグラス社に対抗させた。地図を広げてどのくらい軍隊が前進したかを測定する代わりに、自分たちの製品をどれだけ世界市場に食い込ませるかが最終目標となったのだ。

中東やバルカン半島、その他、世界の多くの不幸な地域では、領土を取り合う昔ながらの争いが続き、こうした紛争地域では軍事力がいまなお重要である。したがって古典的な外交も重要であり、敵国を威嚇《いかく》するために、あるいは弱体な同盟者を安心させるために、軍事力を駆け引きの手段とすることもできる。

だが、アメリカ、ヨーロッパ、日本その他の先進工業国が協調し競争する国際社会の中心部では、(ソ連の崩壊で)状況は急激に変わり、これら諸国が戦争することはもはやないだろうと考えられた。また、旧ソ連邦からの脅威がなくなり、ソ連がキューバ、ベトナム、シリアといった好戦的な同盟国に武器も援助も提供しなくなったおかげで、外部からの攻撃の危険はほとんどなくなったか、局地的なものでしかなくなった。したがって、国際社会の中心部では、軍事力と古典的な外交はもはや伝統的な重要性を失ったように見えたのである。

しかし、だからといって兄弟愛で結ばれた理想郷が実現したわけではない。ここでは人々の結束はまだ、他の人々を排除する「国家的」アイデンティティに基《もと》づいている。何が国民のアイデンティティの本質か、あるいは正当性かはともかくとして、国際政治はまだ国家（あるいは国家の連合体、すなわち欧州連合のようなもの）によって支配されており、その国家は、より多くの「彼ら」を排除する「われわれ」に基づいている。

国家とはもちろん「領土内」の統一体のことであり、互いに国境によって分かたれている。その国境は双方が自分のものだと主張し、固く警備されている。たとえ軍事対決という思想がなくなっても、あるいは様々な国際組織や他の多くの方法で協調するようになっても、国家の本性そのものはきわめて敵対的なのである。

経済戦争の「武器庫」

この「経済戦争（ジオエコノミクス）」もまた、古代から続く国家間の対立の新しい形である。ここでは、国家が提供または指導する産業への投資資本が「火力《ファイヤー・パワー》」に当たり、国家の補助金による製品開発が「武器の改良」に相当し、国家の支援による市場への参入が、外国領土における軍事基地や駐屯地または外交的な「影響力」に相当する。

投資、研究開発、市場の開拓といったまったく同じことを、民間企業も純粋な商業上の理由によって毎日実行している。しかし国家がこうした活動を援助し、奨励《しょうれい》し、支持するとき、もうそれは平凡な経済活動ではなく、経済戦争なのである。

経済戦争の武器庫には、新式、旧式とり混ぜて様々な武器が入っている。

中でも、国家の援助と納税者の資金が後押しする研究開発が、最も重要である。まさに戦争で砲兵がその火力を使って敵の陣地を制圧した後に、歩兵が占領できるのと同様に、研究開発は技術上の優位を確保することによって、将来の産業的領域を制圧する。

ＩＴ業界でいえばＥＵやアメリカ、日本、そして今や中国も、それぞれ自国のマイクロエレクトロニクスやコンピュータのプログラムの開発を後押ししており、その他にもまた数多くのプロジェクトを抱えている。

つまり、これは単なる商売上の試みではなく、経済戦争における覇権争いなのである。助成金もそうだ。例えばコンピュータ、あるいはデータ処理ソフトウエア、バイオテクノロジー、先進素材（超電導、アモルファス、セラミックス）、人工衛星の打ち上げ設備、通信機器などがそうである。研究開発の名のもとに、国家は企業に助成金を与えてきた。

政府が後押しする研究開発という砲兵は必須のものだが、製造という歩兵もまた支援が必要となるかもしれない。こうして欧州のエアバス会社は、絶えず営業面での補助金を受け取ってきたし、他の優遇された民間企業、あるいは業界全体も同様であった。

例えば一九六〇年代の日本には、これといえるほどのコンピュータ産業はなかった。その時、通産省がコンピュータの国産化に五年計画で乗り出し、第一段階は高率関税を課し、これによって海外企業の、十分採算のとれる日本向けの輸出を不可能にした。その一方で、国立の研究所と大学、さらに業界をあげて一丸となったコンピュータの研究開発に資金を提供したわけだ。

次いで通産省は、ＩＢＭの競争相手であるゼネラル・エレクトリックス、ＲＣＡ、ゼロックスその他の各社に、彼らの作ったコンピュータを日本市場で売ることを認めた。ただし、それは日本企業との間に合弁会社を設立し、こうした合弁会社に彼らの開発した技術を提供するという条件を飲んだ場合に限られたのである。

攻防は続き、その年月の間にＩＢＭはますます弱体化し、富士通はますます強くなっていった。結果として通産省の開発計画は概して失敗に終わったとはいえ、富士通やその他の日本のコンピュータ会社は、アメリカの革新的で新たな発明に凌駕《りょうが》されるたびに（例えば「ワークステーション」、並列コンピュータ、フォールト・トレラント・プログラムなど）、政府の購入という組織的な優遇措置で、まことに有効な援助を受けてきたのである。

地域経済上の衝突は、特にハイテク分野の民間企業にとって、過去になかったリスク要因になっている。画期的な新製品を開発しようと巨額の資金をつぎ込む民間企業は、税金をふんだんに使う他国の「国産技術計画」に先を越されることになりかねない。

政府が支援する研究開発が失敗することもあり、例えば、一時期礼賛《れいさん》された日本の「第五世代コンピュータ」計画は失敗に終わっている。六〇〇億円近くをつぎ込んだすえ、商業化できる製品は何一つ開発できなかった。

中国や韓国は、このような日本の失敗を熱心に研究しているに違いない。

関税や貿易障壁も「武器」である

「関税」は、収入を上げる目的で課されるだけの、単なる税金の場合もある。同様に、輸入割当ならびに輸入禁止措置は、単に深刻な外貨不足に対応するためだけに取るケースもある。しかし、もしこうした貿易障壁の目的が、国内産業を保護しその成長を可能にしようとする目的で行われるならば、それはわれわれが直面している経済戦争の武器であり、戦争や、古いタイプの国際政治で使われる堅固に防衛された戦線や要塞と同じものなのだ。

中国と〝関税戦争〟を展開するトランプ大統領は、このことをよく理解している。

世界貿易機関（WTO）発足後は一方的に関税を課すことは難しくなったが、目に見えない、隠れた「貿易（非関税）障壁」も経済戦争の武器の一つであり、それは戦時における強力な戦術、例えるならば「待ち伏せ戦術」に匹敵する。その一つは、健康・安全面をはじめ、表示、包装、リサイクルなどの規定を複雑にすることで、輸入を抑制する方法である。

もちろん、輸入禁止に近い高関税や、あからさまな輸入禁止措置にはより直接的な効果があるが、大多数の国は関税貿易一般協定（GATT）にサインしWTOに加盟しており、そこでは任意の関税引き上げに厳しい制限を加えている。そのため、いくつかの国は貿易障壁を偽装するために規制をうまく利用しようとする傾向がある。

最終的な攻撃用兵器は「掠奪的《りゃくだつ》融資」である。研究開発という砲兵が技術上の優位を確保することによって市場を制圧できない場合、また、企業に対するあの手この手の補助金の支給でも競争力が十分でない場合、政府が市場金利をはるかに下回る低い利率で融資をつければ、強力な競争相手に対抗して輸出販売に勝つことができる。

アメリカも自らの「輸出入銀行」を持ち、信用の保証と輸出のための有利な条件の融資を提供しており、他のすべての競争相手国も似たような金融機関を保有している。こうして諸外国の企業は、その国の他の借り手よりもはるかに有利な、低い金利の融資を得て信用買いにあてることができ、その分だけその企業は、国内納税者の負担で有利な条件を勝ち取っていることになる。

これは低利という「弾薬」を使った輸出ビジネスの追求だが、とりわけそれに対して掠奪的融資であるという非難が集中するのは、輸出販売合戦の過程で突然、輸出金利が投げ売りに等しい形で大幅に引き下げられる場合だ。当然、主要な貿易国は互いにこういうことをしないと約束しているが、これまた当然のことながら、この約束はよく破られるのである。

中国政府がファーウェイに投じる「火力」

従来の国際政治では、その目標は第一に物理的に領土の支配権を広げ、かつ確保することであり、同時にまた外国の政府に対して外交上の強い影響力を与えることであった。これに相応する経済戦争の目標は、自国の国民に対して可能な限り高い生活水準を保証することではない。むしろ世界経済の中で自国企業が最も望ましい役割を獲得したり、それを保護することにある。

いったいどの国が次世代のジェット旅客機、コンピュータ、バイオテクノロジー、先端工業素材、金融手段、通信機器や通信網、その他大小にかかわらず、全産業界で付加価値の高い製品を開発することになるのか。こうした分野での設計者、技術者、さらに経営者、ならびに金融の専門家は、アメリカ人なのか、欧州人なのか、あるいは東アジアの人々になるのか。これらの分野で勝った側は、当然のことながら高い見返りを受け、さらにまた支配的な地位を確保する。

一方、負けた側は、単なる組み立てラインに堕することになるだろう。もしその国内市場が十二分に大きい場合、また完成品の輸入が貿易障壁によって排除されている場合には、そうなるしかない。そして、はっきりといえることは、もし国内生産が「移転」したときには、地元の肉体労働あるいは半熟練労働は残るだろうが、金融その他の高度な管理業務は、それを支配する国の手中に移転してしまう。

したがって経済戦争は、世界の典型的な能力主義的かつ職業的野望を最も正確に投影したものとなる。それはちょうど戦争と外交が、典型的な貴族的野望を最も正しく投影していたことと重なるのである。

戦争と同様、経済戦争でも、防衛用の兵器よりも攻撃用の兵器のほうが重要である。その中でも、政府の支援と補助金を無理やりつめこんだ研究開発が、おそらく最も重要だろう。戦争の際にまず、圧倒的な火力で敵を制圧したあと、歩兵部隊を送り込むように、政府支援の研究開発は、圧倒的な技術力でこれからの産業を制圧するのを狙っている。

もちろんアメリカや日本も例外ではないが、現在の中国が、ファーウェイなどの民間企業にどれだけの政府支援を行っているかを考えれば、その「火力」の重要性が実感できるだろう。

経済戦争にも明確な敵国がある

支配者や国家がいつの時代にも経済的な目的を追求し、他の支配者や国家と経済的な争いを繰り返してきたのは事実であり、読者も「当たり前のことではないか」と思うかもしれない。歴史上、多くの国家が通行税や関税や交易の禁止、あるいはあからさまな妨害という手段だけで市場競争に勝つ場合もあったし、最終的には流血によって解決したこともあった。

二二〇〇年前、ローマとカルタゴは、自らの安全と栄光のためだけでなく、地中海の貿易覇権をめぐって戦った。経済戦争は何千年も昔からあり、少しも目新しいことではない。カルタゴの没落後も数世紀にわたって、商業と貴重な資源をめぐってさらに多くの戦争が起きた。もっとも、それらの戦争のすべてが純粋に経済的な原因で起きたと大まじめで説明しようとしているのは、狂信的なマルクス・レーニン主義者だけであるが。

しかし過去においては、商業や産業で他者を駆逐《くちく》しようとする行為は、戦争や外交といった、より差し迫った政策の陰に隠れることが多かった。戦争や外交は主として、自国の安全（安全保障こそ多くの戦争の原因だった）を追求するために行うものであったが、同時に、一人の支配者や支配グループ、あるいは野心的な個人や特権階級が、栄光や国内での政治的優位を勝ち取るための行為でもあった。

このような場合には、商業は完全に軽視され、利益の多い通商ルートが戦闘によって切断されたり、貿易の競争相手と手を結んで貿易パートナーと戦争するようなことも起きた。一九一四年の第一次世界大戦でフランスが、植民地貿易では最大のライバルであったイギリスと同盟を結んで、最大の貿易相手国ドイツと戦ったのもその例である。

一方で共通の敵に対抗するため、ある国と同盟する国防上の必要性があり、同時に、その同じ国と商業的あるいは工業的に熾烈《しれつ》な競争を行っているような場合には、もちろん同盟を維持することが絶対的に優先した。なぜなら、国家の目的は単なる繁栄ではなく、生き延びること《サヴァイバル》だからである。

アメリカと西ヨーロッパ諸国が半導体、牛肉、冷凍鶏肉、その他の品目をめぐってあれだけ激しい貿易紛争を展開したにもかかわらず、さらには日本とアメリカが一九六〇年代の繊維製品から一九九〇年代の大型コンピュータにいたるまであらゆる品目で激しく対立したにもかかわらず、冷戦の続いていた数十年の間、あのように簡単に和解したのは、まさにそれが理由だったからだ。

貿易紛争が双方の政治指導者の注意を引くほどに騒がしくなれば、国家はそれをただちに抑えこみ、最も声高に不平を言う当事者は、しばしば補助金の力で黙らせてきた。貿易紛争を野放しにすることで政治関係が悪化するというリスクだけは、絶対に冒してはならなかった。なぜならそれが、恐るべきソ連の力の前で同盟国の団結を脅かすことになるかもしれなかったからだ。

しかし冷戦終結後はしばらく、平和的な国際社会の中心舞台にいる国々にとって、軍事的脅威と軍事同盟の重要性は低下する一方であり、したがって経済の重要性はもはや抑制されず、ますます主要な役割を演じるようになってきた。貿易紛争は、経済的に悪い結果を招くことを恐れて抑え込まれることはあっても、強力な戦略的理由を持つ政治の介入によって抑えられることはなくなった。もし国民や国家が結束し続けねばならない脅威が外部にあるとすれば、それは経済的な脅威であり、もっといえば経済戦争の脅威だったのである。

一般大衆のこの態度の変化は、統一後のドイツに対して多くのヨーロッパ人が示した(経済的)恐怖心や、もっと典型的な例としてはアメリカ人が日本人に対して示した態度に、すでに現れている。一九八〇年代半ばにゴルバチョフがソ連の外交政策を転換し始めたころ、日本はアメリカの宿敵としての役割を負わされ始めていた。世論調査、マスメディアの報道、書籍、論文、広告、数えきれないほどの議会での発言などに、その証拠を見つけることができる。それはまるで、ソ連の軍事力に共通の恐怖感を持たせることによって国民を長い間団結させていた国家が、団結を維持するために国を挙げて経済戦争における代わりの脅威を探し、日本に白羽の矢を立てたかのようだった。

一九五〇年代末からの、ソ連のスプートニク人工衛星の打ち上げのショックとソ連の大陸間弾道ミサイルでの明らかな対米優位が、アメリカの国民と政府に、軍事技術競争に勝つために巨額の資金を高等教育と科学に投入することを認めさせた。恐怖が、共通の目標を達成するため、ある程度の犠牲を可能にしたのである。かつて、アメリカの教育制度の根本的改革を主張していた人々は、公立学校における日本の優位をあげて、教育への支援と金を要求した。現実のものであれ想像上のものであれ、敵がいたほうが都合がいいのだ。

そして今日、第二章で示したように、アメリカ・トランプ政権のマイク・ペンス副大統領は、中国に対する事実上の「宣戦布告」を高らかに宣言したのである。

経済戦争に有利な条件とは

もし経済的な対立が実際に政治的な衝突を引き起こした場合には（今日では、同盟関係の強制力が弱まったことがその原因となることが多い）、商業という武器で政治的解決を図らねばならない。すなわち、巧妙に仕組まれた輸入規制、輸出への秘密裡の補助金、競争力のある技術開発計画への資金援助、特定の教育機関への支援、競争力のある企業への支援、等々で戦わねばならない。

すべての国家が経済戦争の政策を同じように遂行する能力を備えているわけではないし、

すべての国家が同じことをしたがるわけでもない。社会的、体制的、思想的、政治的な理由によって、新しい形態の国際競争の中で、他国より積極的な国もあれば、こうした活動をまったく行わない国もある。ちょうどミャンマーとスイスが、戦時において中立を望んだように。

しかし大半の先進国が、九〇年代から始まった経済戦争における暗中模索の段階に、いまだとどまっているのではないか。これは、どこまでが経済戦争の望ましい範囲かという問題が、政治的論議および政党間の論争の焦点になっている段階だからだ。アメリカでは民主党と共和党が、いわゆる「産業政策《インダストリアル・ポリシー》」をめぐって鍔《つば》ぜりあいを演じている。

産業政策とは、将来性のある産業の成長を促進させるという意味の政治用語である。フランスでは、軍事・外交上の壮大な野望を長い間抱いてきた政府のエリートたちが、いまは一転して経済戦争の舞台で壮大な野望を実現することに関心を移しつつある。

もちろん、先進国に追いつき、追い抜いた中国も例外ではない。

もし後発の国々が教育レベルと技術分野において急速に発展できれば、仮にその経済規模が小さかったとしても、このゲームの中で成功するかもしれない。つまり、現代技術のおかげで新産業分野で成功に至る道はより広くなっており、その中には大規模な生産を必要としないほど特殊化したものも含まれているからだ。

こうして、規模が小さくても十二分に教育レベルの高い国は、ごく普通の商売と同様に、経済戦争においても有利な立場を確保する可能性が高くなる。その可能性は、かつて国際政治の舞台で常に国力の規模だけが問題とされ、ときにはそれだけが決定的な要因であった時代よりも高いのである。

アメリカの政治家は「見せかけの市場原理主義者」

アメリカを見てみると、実際にはますます経済戦争の実務にのめり込みつつ、その政府介入の原則に対しては声高に反対を叫んでいる。アメリカの政治指導者たちはいわゆる「市場《マーケット》」に永遠に変わらぬ忠誠を誓いながら、実は同時に国家間の経済戦争に勝ち抜こうと必死の努力を傾けており、しかも外国の政府に対しては、自分たちと同じことをしてはならないと声高に警告を発しているのである。

アメリカの政治家の演説を聞いていると、彼らはアメリカの最も規模の大きい輸出産業が農業と宇宙産業であるという事実に、本当は気づいていないのでは、と思わされる。実際にはこの二つの産業とも、国策介入と、極めて巨額の援助の下に置かれている。にもかかわらずアメリカ人の心理には〝自由貿易主義〟というイデオロギーが、今日でもまだ極めて強い影響力を持っている。

この点で、〝アメリカ・ファースト〟を掲《かか》げ、関税引き上げと国内雇用創出のための政府支援を前面に打ち出すトランプ大統領は、極めて「正直」な政治家だと言える。

もし国家の過度な経済への介入が不正と見なされ、それでもなお実行される場合には、それは裏でこそこそと、さも偶発的なことのように装《よそお》って続けられる。経済戦争の現実を隠蔽《いんぺい》し、アメリカは市場の自由の擁護者であるかのような議論が公然とされている間に、最も強固に組織され、かつ十二分の資金を得ているロビイストたちが、自由貿易主義というイデオロギーの建て前に隠れて、経済戦争に深入りする現実政治から大きな利益を引き出しているのである。

たとえ「自由貿易イデオロギー」の制約を受けなかったとしても、民主主義国家であれば、国家とその政策は強力なロビイストの影響力から無縁ではあり得ない。彼らは何らかの方法で経済戦争に効果的なカムフラージュを施《ほどこ》し、自分たちの私的な目標と利益を達成してしまうだろう。こうしたロビイストたちは政治家を説得して貿易障壁を設け、さらに利益のあがるように税制と規制を改革していく。

　こうして外国の競争相手に対して、より不利な条件を押しつけようとするだけでなく、ひいては一般の自国民にも負担を押しつけることになる。サービス分野を含む幅広い経済活動の基盤をもち、様々な利益集団が活動している国なら、政府に近いごく狭い範囲のグループの利益に奉仕してしまうように、改革に次ぐ改革がなされる可能性がある。

　国家の資金が技術の研究開発や生産分野に投入されていけば、それは単に外国の競争相手に損害を与えるだけでなく、その財源を税金として負担する一般国民にとっても、重い負担となる。

　もちろん彼らは納税者として、そして消費者として、いかなる形の経済戦争によっても損害を受けることになるが、同時に、生産者としての彼らが海外企業との競争に勝つことで受ける利益がどれだけ広く分配されるか次第で、被害は相殺される。当初はほんの少数を利するだけの経済戦争という活動は、やがては経済全体や多くの人々を潤《うるお》すことになるのだろうか。それとも少数の特権を与えられた人々が、残りの大多数の犠牲の上で一層、豊かになっていくだけなのだろうか。

エスカレート：貿易が戦争に発展する時

国家が経済戦争に踏み切ろうとする基本的な理由は、まさにそれが「国家」だからだ。つまり、世界情勢の中で互いにしのぎを削るべく作られた、領土的に限られた実体だからである。

近代国家が他に獲得してきた様々な機能、例えば個人の福祉、多種多様なサービス提供、様々なインフラストラクチャーの整備などがあるにもかかわらず、国家の主たる存在理由はこれまでの章で述べてきたように、いまだに歴史的な機能、つまり外敵からの（同様に国内の無法者からの）安全保障を提供することにある。

過去の相手は、戦わねばならない武装した外敵だった。今日でもそれは残っているが、さらに市場における競争相手が加わり、しかもこの自由競争は様々な理由で、大多数が敗者となるゲームでしかない。どの経済分野でも、勝者はいつも自由貿易の結果だと主張する。負けたほうは敗北を認め、市場から姿を消す。しかし経済戦争では、国家が支援する第二ラウンドが用意されている。国家とその官僚の本能は、こぞって介入を目指す。これにより自国が世界経済のひのき舞台に残れるかもしれないと、ほとんど戦争と同じような争いが繰り広げられる。

現在、世界には約一九〇余の独立国家が存在するが、そのほとんどが対外戦争を戦った生々しい記憶を持たない。それなのに、ほぼすべての国家の支配機構は、まさしく好戦的な目的に強く彩《いろど》られている。ほとんどの国家が存立をかけて戦う必要はないはずなのにもかかわらず、すべての国家が戦うために存在しているように思える。あるいは少なくともあたかも戦争することが最も重要な機能であるかのごとく構成されている。

唯一の例外がかつての戦後日本で、前章でも指摘した通り、貿易などの経済活動を所管する大臣（通商産業相）よりも、国防を担当する大臣（防衛庁長官）のほうが格下だった。

過去においては、一握りの好戦的な国家が多くの他の国に影響を与え、事実、国際政治は全体として軍事力に支配されていた。同様に、戦後はアメリカ、ヨーロッパ、日本の間で、今後は中国やインドを含む国家間で、高度な技術覇権を狙って争われる経済戦争が始まっている。

経済戦争に参加する国々の間で次第に高まってくる悪感情が、他の重要な貿易相手国にも波及している。無理からぬことだが、みな非難の集中砲火を浴びはしないかと警戒しているからだ。どこかで対立が起これば、世界貿易の中である程度の位置を占めているすべての国が影響を受ける。現在も、米中対立の高まりが、すべての国に影響を及ぼしているのだ。

もちろん、戦争と貿易には基本的な違いがあり、戦争の場合、大まかに言うと「ゼロ・サム」ゲームとなる。一方の勝利は、一方の敗北を意味する。戦争以外にも、外交や寡占状態の競争も同じ性格を持っているが、参加者が極めて多い競争ならば、戦争とは違ってくる。両当事者が同時に損失を出したり、逆に利益を得ることも起こりうる。

また戦争では、戦いの論理が一筋縄ではいかないものになっている。それは「敵側の対応」という要素がからんでくるからであり、どのような行動をとっても、敵がかならずそれを打ち負かそうと対応してくるからだ。このため、例えば最悪のはずの攻撃経路が、じつは敵の意表を突く最善のものに変化したり、条件面では最善のはずの攻撃経路が最悪になったりする。また、緒戦《しょせん》で勝利した側が前進しすぎた結果、戦線が伸びすぎて自滅したり、とくに威力のある兵器が、その威力のゆえに敵側が徹底して対策をとることで、無力になったりする。

戦いの論理《ロジック》にはかならず限界点があって、それを超えると、同じ行動が逆効果になる。

この論理は、あらゆる水準の戦略に貫徹《かんてつ》している。例えば、ソ連は軍事力を蓄積した結果、一時期は多数の国が同盟を結んで対抗しようとするほど恐れられたが、最終的には軍事的にまったく無能といえるほどに国家が瓦解した。これに対して、日常生活や通常の経済取引の論理は直線的であり、良いことは良いこと、悪いことは悪いことである。成功は成功を呼ぶのであり、どこかで頂点に達した後は何をしても一方的な下り坂、というわけではない。

重要なのは、関税などの報復合戦が、必ず戦争同様の緊張を引き起こすことだ。これにより危機がエスカレートしていく。これは銃による本当の戦争を引き起こすさまに、気持ち悪いほどよく似ている。

もし主要な貿易相手国間で、経済戦争による対立がエスカレートし貿易戦争になれば、間違いなく国際政治の古典的なメカニズムが経済的な手段に翻訳されて、最大限、幅を利かすことになるだろう。いま、米中貿易戦争におけるアメリカの関税引き上げという「制裁」と、それに対する中国の報復が続いていることは、この観点からも見逃せない。貿易戦争に敗れ、経済失墜した中国が、冒険主義に乗り出す可能性は十分にある。

貿易戦争を防ぐには、すべての利害関係者にとって、ひいては世界全体の経済にとってのコストの問題を考えることだ。もし貿易上での対立を、純粋にコストと利益の問題だけで計算したら、おそらく戦争にはならない。長期的に見て、いや短期的に見ても、誰にも利益をもたらさないからである。

しかし、もし冷戦下の同盟関係のような、国家同士の敵対的な感情を吸収できる、世界情勢の戦略的対立図式がなければ、こうした悪感情がその国の経済関係にダイレクトに影響する可能性がある。もしそうなれば、すべてのもくろみは白紙に戻る。敵対的な感情が解放された場合、もはや冷静なコスト計算は不可能であり、そこにはただ「傷つけ、罰したい」という欲求が残るだけだ。たとえ、それによって罰する側もまた、罰を受けるとしても。

経済的相互依存関係は戦争を防げない

多くの人々は、主要な経済大国同士の関係はあまりにも相互依存的で、経済戦争を許すものではないと、現在も固く信じている。米中もまた例外ではない。いまや、自動車は他の国から来たエンジンを搭載し、ダッシュボードの電子部品も別の国からやってくる。化学・電子産業も、数限りない中間財の無限の国際的な取引に依存し、最終製品を生産している。政府や民間企業は、海外から資金を借り入れていることが多い。こんな状況では、敵対的な経済政策と、それが引き起こした国際関係が、雇用や生産に破壊的な影響を容易にもたらすという見方はまったく正しい。もちろん国と企業の金融的な安定への悪影響も、いうまでもない。

しかし何たることか。東西両陣営の戦略的な対立の中で、西側各国の経済的な協調が自然な付属物であった時代、あの冷戦の後期にあれほど簡単に育った相互依存関係でさえ、その後、結局のところ何も保証していないのである。

実際、一九一四年七月に第一次世界大戦が始まった当時ほど、フランスとドイツが互いに相互依存しあう経済関係にあったことはない。また、一九四一年六月、ドイツのソ連侵攻が始まった時も同様である。この二つのケースとも、お互いに大量の必需品を相手側から輸入しており、戦争によって計り知れない経済的破綻が発生したことも事実だ。それでも彼らはそんなことは意に介さず、そしてもっとずっと大きな損害も気にかけず、戦争に突入した。

もし人類が経済的な利益を計算立てて行動するならば、この種族の歴史がこれほど長い罪と愚かさのリストに彩られることもなかっただろう。ゆえに、「関係者全員を貧窮《ひんきゅう》に落とす非合理な選択だから」という理由で、互いに対立する貿易ブロック間の経済戦争が起こり得ないと考えるのは、馬鹿げた楽観論である。これまで、戦争は実にすんなりと行われ、殺戮《さつりく》と破壊を生んできた。これはあまりにありふれた現象で、現在でもそれは変わりはない。

「各国の経済上の結びつきや、相互依存が進んでいるのだから、経済戦争はもちろん、実際の戦争さえ起こらなくなる」という見立てがあるが、相互依存によっていずれかの「戦争」が抑えられるという保証など、どこにもないのである。

実際、経済戦争の台頭そのものが、まさしく経済的な利益とコストの抑制効果がいかに弱いのかを示している。なぜなら、どんな経済戦争に加担する行為も、自由貿易の経済に比べればコストが高くつくからだ。しかしこれは厳密に経済的な条件のみを考慮した限りでの真実であり、エスカレートした敵対関係全体から見れば、筋違いと考えられてしまうこともある。

つまり、経済戦争の活動に従事する官僚、政治家、さらに経済人は、利益を求めてそうするのではなく、また彼らは損失を恐れて経済戦争を停止するわけではないということだ。

さらにいえば、経済戦争というものは、世界経済全体で見れば非効率だとしても、この戦争は参加しなければ、必ず負けるゲームである。もしある先進工業国が、自国民の「消費者としての利益」を擁護するために、厳密な自由貿易政策「だけ」を導入するならば、そして同時に、他の先進工業国が、自国民の「生産者としての利益」だけを追求したならば、重要性が高いハイテク工業製品（あるいは「戦略的産品」）は、結局、他国が作り出す結末になる。そしてその国の組み立てラインは廃《すた》れてしまうだろう。

もしすべての国が戦争をしないならば、すべての国がより豊かになれることだろう。それでも国家による争いと外交が世界情勢を支配している限り、従属や占領、敗北、さらに殲滅《せんめつ》を避けるために、経済戦争ゲームへの参加が不可避となるのだ。

現在の米中対立、制裁と報復の応酬合戦もこのために起きているのである。もちろん日本はこれまでの経済戦争の主要メンバーであったし、これからもそうあり続けるだろう。

訳者解説

奥山真司

本書は訳者である奥山が、『月刊Ｈａｎａｄａ』に二〇一八年から掲載したエドワード・ルトワック氏に対して行った数回のインタビューをまとめたものである。

世界的な戦略家として有名であり、すでに数冊の翻訳書があるため、日本でもルトワック氏の存在は知られたところかもしれないが、あえて彼の経歴について簡潔に触れておきたい。

エドワード・ルトワック（Edward N. Luttwak）は、一九四二年にルーマニアのトランシルバニア地方にあるアラドという街に住むユダヤ人一家の人間として生まれた。

二〇世紀初めのアラドという街は、欧州の中でも宗教的に寛容であったようで、その街で実業家として、野菜や果物の流通などをてがけていた裕福な家庭でルトワックは育った。ところがルーマニアで共産革命が発生すると、家族は突然、イタリア南部のパレルモに移住することになる。

ここでも再び実業家として成功した父親に連れられて、家族は戦後すぐの時代にヨーロッパ中を車で旅行したらしい。この時の経験については、本書にも韓国とオランダの対比の話で出てくる。

パレルモで少年期をすごした後にミラノの学校を退学になったルトワック少年は、イギリスの寄宿舎学校に進んで、そこから軍属してマレー半島に出征し、結果的にイギリス国籍を取得している。当時所属したのは斥候担当の部隊であり、そこでの経験が彼の現場を重視する視点に役立っていることは、本書の中でも見てとれる。

その後、ロンドン大学（ＬＳＥ）で経済学の修士号を修めたあとに渡米し、ジョンズ・ホプキンス大学（ＳＡＩＳ）でローマ帝国の大戦略をテーマに選び、博士号論文を書いて修了している。

ロンドン大学修士号を取得したあとは、同国のバース大学で経済学を教えていたが、より実践的な国際政治に関わりたいとして石油コンサルタント会社の分析官となり、その後にフリーとなった時期にレバノンで取材を繰り返し、デビュー作である『ルトワックのクーデター入門』（芙蓉書房出版）を完成させている。

その前後からイスラエル軍や米軍で、フリーの軍属アドバイザーとしての活動を積極的に行っており、大手シンクタンクである戦略国際問題研究所（CSIS）の上級顧問という肩書を使いながら、あえてアカデミックなポジションを求めずに、自由な立場から世界各地の大学や軍の士官学校、それに各国政府の首脳にアドバイスを行っている「戦略家」である。

そのキャリアを通じて主に軍事戦略や大戦略の分野に関心が高く、博士号論文を本としてまとめた『ローマ帝国の大戦略』（未訳）や、主著である『エドワード・ルトワックの戦略論』（毎日新聞出版：以下『戦略論』）、そして『ビザンツ帝国の大戦略』（未訳）のように、生涯追い続けている大きなテーマはむしろ「大戦略」や「戦略理論」そのものにある。

学界に登場した初期の頃は、冷戦構造下におけるミサイル問題や海軍戦略などについて議論を行っていたが、後に主著である『戦略論』につながるものとして、七十年代末に「オペレーショナル・アート」（作戦術）に関する議論を始めたことが挙げられる。

ルトワック自身の戦略論のエッセンスである「逆説的論理」（パラドキシカル・ロジック）については『戦争にチャンスを与えよ』などの拙稿で説明しているため、ここではあまり触れないが、この概念を提唱したおかげで、彼は近代西洋の戦略論に革命を起こした人物とみなされている。

世界各国の士官学校や大学の戦略学科などでは、すでに彼の何冊かの本が必読文献のリストの中に入って久しい。

さて、本書の概略であるが、現在進行中の日本を含むアジア情勢の危機について、とりわけ北朝鮮や中国に関する情勢を中心に、戦略家としての視点から分析したものだ。

これらを明らかにするために、ここではルトワックの視点を理解するためのポイントを訳者である私が三つ挙げて、そこから解説を行っていきたい。

第一が、日本にとっての最重要の戦略問題として「子供を増やす」ことを提唱している点だ。まえがきや序章でも強調されているように、国家が戦略を実行するための最大の基盤が若い世代なのだが、その絶対数が少ない状況では、国家のために戦おうとする戦力そのものが足りないという認識がルトワックにはある。

これはまさに自身が中東戦争で経験したことであり、まだ建国して間もないイスラエルを助けるために第三次・第四次中東戦争に参戦したときに、周囲のアラブ系の国家と比べて人的に劣勢であることをつくづく感じ、その後に国家を挙げて人口増加に取り組んだイスラエルの姿を間近で見ている点もあるようだ。

日本も以前から、このようなチャイルドケアの重要性が叫ばれているにもかかわらず、それが中々進んでおらず、韓国と共に世界でも特に少子化が進むスピードが速まっているのが実態である。このような観点から見れば、たしかに日本はここ数十年間において国策を完全に誤っていたと言える。ルトワックが本書の英語の題名を〝日本の若がえり〟という意味にした真意はここにある。

第二が、「戦士の文化」を強調している点だ。この概念は一般的な学術書などではほとんど扱われないテーマではあるが、ルトワックは戦う者の尊厳や誇り、そして殺し合ったもの同士にしかわからない感情的な部分を、自身の分析の中核に据えている。

その典型的な使われ方が見られるのが、第一章の韓国についての分析であり、ドイツとその他の欧州国家との関係性を見ながら、戦った国同士は過去のことを問題にしないが、戦わなかった（従属した）国はその相手国に対して、戦後になってから厳しい態度をとると主張している。

もちろん日本と韓国の関係性が、ドイツとオランダのそれにそのまま比較できるものかは異論もあるだろうが、ルトワックはそこに「相対した者・しなかった者」同士が互いに感じる、数値化できない感情的な問題を鋭く指摘している。

第三に、日本に国防に対する「本気度」を迫っていることだ。これは上記の「戦士の文化」にも共通するが、とりわけ北朝鮮に対する日本の先制攻撃論とでもとれるような議論を展開する中で、日本に対して「本当に相手に脅威を与える効果的なものは何か」を真剣に考慮するよう迫っている。

とりわけルトワックが強調するのは、リスクを恐れずに作戦を実行するメンタリティーであり、逆にそれが出来なくなっている国として、実は敗北しつつあるアメリカを挙げている。

ルトワック自身はアメリカ政府、とりわけペンタゴンにアドバイスをすることが多い人間なのだが、世界最高の軍事力を持ち、現在でも中東で戦争を戦っている国の軍の態度が極めて官僚的でリスクを恐れるものになっているという指摘は、ひるがえって日本の防衛省・自衛隊、さらには日本国民全般が、どこまで国防や安全保障というものに実践重視で本気で取り組んでいるのか、間接的に問われていると言わざるをえない。

もちろん本書にあるようなアドバイスも、それが実現可能かどうかはさておき、実に示《し》唆《さ》に富む興味深いものであることは特筆すべきことである。

その意見や分析に同意するかどうかは別として、読者にたいして独自の戦略論を通じて知的挑戦を行うのがルトワック本の真骨頂であり、そのような性格を踏まえた上で、本書を「考える材料」としてじっくり読んでいただければ、訳者として本望である。

最後に本書を書く上でお世話になった人物に対して、私のほうから謝辞を述べておきたい。まずは著者のエドワード・ルトワック氏である。今回も来日してから本書のために一度だけインタビューさせていただいたが、いつも変わらず刺激的な話題を持つ氏の頭脳と経験談には圧倒されっぱなしであったことを記しておきたい。

また、本書の編集を担当していただいた工藤博海氏、そして『月刊Ｈａｎａｄａ』の花田紀凱編集長には、企画から編集まで大変お世話になった。締切日の変更や突然の文書の追加など、かなりわがままを聞いていただいたことについて本当に感謝している。

本書をお読みになったみなさんが、知的に刺激されることを祈念して。

令和元年十一月十八日　中山駅の喫茶店にて

【著者略歴】

エドワード・ルトワック（Edward N. Luttwak）

戦略国際問題研究所（CSIS）上級顧問。1942年、ルーマニア生まれ。イタリアやイギリス（英軍）で教育を受け、ロンドン大学（LSE）で経済学の学位を取ったあと、アメリカのジョンズ・ホプキンス大学で1975年に博士号を取得。同年国防省長官府に任用される。専門は軍事史、軍事戦略研究、安全保障論。国防省の官僚や軍のアドバイザー、ホワイトハウスの国家安全保障会議のメンバーも歴任。著者に『自滅する中国　なぜ世界帝国になれないのか』（芙蓉書房出版）、『中国（チャイナ）４・０　暴発する中華帝国』『日本４・０　国家戦略の新しいリアル』（ともに文春新書、奥山真司訳）ほか多数。

【訳者略歴】

奥山真司（おくやま　まさし）

国際地政学研究所上席研究員、青山学院大学国際政治経済学部非常勤講師。1972年、横浜市生まれ。カナダのブリティッシュ・コロンビア大学を卒業。英国レディング大学大学院で修士号（MA）と博士号（PhD）を取得。戦略学博士。著書に『地政学：アメリカの世界戦略地図』（五月書房）のほか、訳書に『戦略の未来』コリン・グレイ著（勁草書房）、『大国政治の悲劇　新装完全版』ジョン・ミアシャイマー著（五月書房新社）、『現代の軍事戦略入門 増補新版』エリノア・スローン著（芙蓉書房出版　共訳）、『不穏なフロンティアの大戦略』ヤクブ・グリギエル＆ウェス・ミッチェル著（中央公論新社　監訳）などがある。

ルトワックの日本改造論

2019年12月21日　第1刷発行

著　者　エドワード・ルトワック
訳　者　奥山真司

発行者　土井尚道
発行所　株式会社　飛鳥新社
〒101-0003 東京都千代田区一ツ橋2-4-3　光文恒産ビル
電話（営業）03-3263-7770（編集）03-3263-7773
http://www.asukashinsha.co.jp

装　幀　神長文夫＋松岡昌代
撮　影　佐藤英明
構　成　梶原麻衣子

印刷・製本　中央精版印刷株式会社

ISBN978-4-86410-728-0

編集担当　工藤博海